Glädjen

欢 乐

失忆的年代长篇系列之七

# Glädjen
# 欢 乐

KJELL ESPMARK

[瑞典] 谢尔·埃斯普马克　著

万之　译

世纪出版集团 上海人民出版社

29 年前，我写过一部题名《欢乐》的小说，现在，我读了谢尔·埃斯普马克的小说《欢乐》。我的《欢乐》是一个濒临绝境的男人的内心独白，他的《欢乐》是一个身陷缧绁的女人的看似有人倾听实际上也是内心独白的絮语。

在一个被普遍认为迹近理想的社会环境中，依然存在着人对人的欺凌和压迫，依然存在着那么多的痛苦和孤独，犹如一个鲜艳的苹果上存在着的腐点，而且这腐点还有日渐扩大的趋势。这是作者独具只眼的伟大发现。有办法消除或制止这些腐点的扩大吗？作者没有提出办法，读者也似乎读不出办法。

毫无疑问，作者承继了欧洲十九世纪批判现实主义文学的伟大传统，但他的这部作品的批判性，更直接地指向了人性的弱点和人类社会普遍存在的悖谬。因此我认为这是一部洞察人性弱点、曝露人性弱点、希望疗治人性弱点的悲悯之书。

发现了弱点才能认清优点，就像沉浸在痛苦中才能更细微地体会欢乐一样。认识到悖谬的不可逃脱，才可能更理性地对待现实，就像洞明了生死之限才可能更好地生活一样。

## 作者中文版总序

　　这个小说系列包括七部比较短的长篇小说，形成贯穿现代社会的一个横截面。小说是从一个瑞典人的视角去观察的，但所呈现的图像在全世界都应该是有效的。人们应该记得，杰出的历史学家托尼·朱特最近还把我们的时代称为"遗忘的时代"。在世界各地很多地方都有人表达过相同的看法，从米兰·昆德拉一直到戈尔·维达尔：昆德拉揭示过占领捷克的前苏联当权者是如何抹杀他的祖国的历史，而维达尔把自己的祖国美国叫做"健忘症合众国"。但是，把这个重要现象当作一个系列长篇小说的主线，这大概还是第一次。

　　在《失忆的时代》里，作家转动着透镜聚焦，向我们展示这种情境，用的是讽刺漫画式的尖锐笔法——记忆在这里只有四个小时的长度。这意味着，昨天你在哪里工作今天你就不知道了；今天你是脑外科医生，昨天也许是汽车修理工。今天晚上已经没有人记得前一个夜晚是和谁在一起度过的。当你按一个门铃的时候，你会有疑问：开门的这个女人，会不会是我的太太？而站在她后面的孩子，会不会是我的孩子？这个系列几乎所有长篇小说里，都贯穿着再也找不到自己的亲人或情人的苦恼。

失忆是很适合政治权力的一种状态——也是指和经济活动纠缠在一起的那种权力——可谓如鱼得水。因为有了失忆，就没有什么昨天的法律和承诺还能限制今天的权力活动的空间。你再也不用对自己的行为承担责任——只要你成功地逃出了舆论的风暴四个小时，你就得救了。

这个系列的七部作品都可以单独成篇，也是对这个社会语境的七个不同的切入视角。第一个见证人——《失忆》中的主角——是一个负责教育的官僚，至少对这方面的灾难好像负有部分责任。第二个见证人是一个喜欢收买人心的报刊主编，好像对于文化方面的状况负有部分责任

（《误解》）。第三个见证人是一位母亲，为了两个儿子牺牲了一切；儿子们则要在社会中出人头地，还给母亲一个公道（《蔑视》）；第四位见证人是一个建筑工人，也是工人运动的化身，而他现在开始自我检讨，评价自己的运动正确与否（《忠诚》）。下一个声音则是一位被谋杀的首相，为我们提供了他本人作为政治家的生存状况的版本（《仇恨》）。随后的两个见证人，一个是年轻的金融巨头，对自己不负责任的经济活动做出描述（《复仇》），另一个则是备受打击被排斥在社会之外的妇女，为我们提供她在社会之外的生活状况的感受（《欢乐》）。

　　这个系列每部小说都是一幅个人肖像的细密刻画——但也能概括其生活的社会环境：好像一部社会史诗，浓缩在一个单独的、用尖锐笔触刻画的人物身上。这是那些伟大的现实主义作家如巴尔扎克曾经一度想实现的目标。但这个系列写作计划没有这样去复制社会现实的雄心，而只是想给社会做一次 X 光透视，展示一张现代人内心生活的图片——她展示人的焦虑不安、人的热情渴望、人的茫然失措，这些都能在我们眼前成为具体而感性的形象。其结果自然而然就是一部黑色喜剧。

　　这七个人物，每一个都会向你发起攻击，不仅试图说服你，也许还想欺骗你，就像但丁《神曲·地狱篇》中的那些人物。但是，这些小说里真正的主人公，穿过这个明显带有地狱色彩的社会的漫游者——其实还是你。

2012 年 9 月

译注：

　　托尼·朱特（Tony Judt, 1948—2010）为英国历史学家，其代表作是《战后：1945 年来的欧洲史》。米兰·昆德拉（Milan Kundera, 1929—　）为长期流亡法国的捷克作家，代表作有《生命中不能承受之轻》等。戈尔·维达尔（Gore Vidal, 1925—2012）为美国作家，擅长创作当代历史小说。所谓"健忘症合众国"英文为 United States of Amnesia，和"美利坚合众国"United States of America 谐音押韵。

你真的吓了我一大跳。我正背对着门站着，就没注意到你进来。也根本没听见钥匙开门的声音。没听见一点脚步声。你是横穿过那块铁门板就钻进来了吗？这手段可不是很多人能有的。

　　不过我当然知道你要来的。实际上我等了好半天了。不是说人人都有权力有一个辩护律师吗？只不过我不知道要等多久。对我来说，这肯定是头一回。

　　你坐吧。我可以坐在这个床边上。不管怎么说吧，反正你来了我就特别高兴。我需要有人跟我说说话。被关起来的日子我真的受不了。要是我只能自言自语，那我就要发疯一样去撞墙了。我就是这种人，总得弄点什么故事出来，那就需要有人来听。

　　我一直是个会来事的人，总要弄点事。我小时候，肯

1

定是因为我会讲些故事，所以还能让我老爹多活了几年。大多数情况下，不论是多让人绝望的事情，我也能靠着嘴皮子就熬过去了。不过，那就得有人来听着，否则我就没话说了。而且脑子就发木，想不出词儿来了。只有我说话的时候，我才活泛了。

我到现在这地步肯定有点惨。我当然不是什么圣诞节的天使，大好人一个，不过，落到派出所的拘留室里，过去还从来没有过。我根本不知道，我是坐在这里等着上法庭呢，还是已经被判刑了，等着他们在监狱那边给我找个空地儿，就把我送过去。我甚至都不知道，是我自己捅了娄子，还是我代人受过了，为别人干的什么事就进来了。电脑不是经常也会把人给搞混的嘛。哦，你也不知道呀？没错，我明白得很，给我做辩护也不容易，够你受的。

不过，还是得说说才行吧。我们同心协力，没准就能找到点线索，搞清楚到底发生了什么事。得整出个他们法庭上的人买账的故事。

你已经注意到了吧，这里有些事其实是不想让人搞清楚的。你就是靠近一点点，都会让你感到痛。也是我自己拦着我自己，不要把什么事情都扯出来，这你能明白吗？就好像那种失忆症，还能让你活得挺舒服挺有面子的。它没准还能把我给开脱了呢。我担心的倒是你要把那种让人痛苦不堪的事情都给找出来。要是这样，就难办了。

要不是这样，我真可以什么都告诉你，让你都知道。因为嘛，不论谁，只要你敢听，你就敢看。就得要敢看。敢看很重要啊，那是我从小就知道的。我老爹喝酒喝得人事不省的时候，也就是我能照顾他。我老妈只会用手捂住脸，嘴里不停地嘟囔，"太过分啦，太过分啦"。然后就让我接过去。没错，这些我都在心里记着呢。刚才我还想过"我老爹"。那种想法不太正，有点灰色。然后我就得拽住那想法。

我怎么对付老爹，那个是我从他带回家来的一本书里学来的：《一千零一夜》。他要我大声读给他听——他识字还有点难呢。书里面那个女人是给什么以色列国王打扫房间的，所有故事也都是她讲的。那个国王总是很压抑很郁闷。他也借酒浇愁，自己跟自己过不去，那时候就需要有人来救他。那时候就需要那个女人来讲吸引他的故事，就好像她会变魔术，能从袖子里变出来故事，这样就不会让这个国王抹脖子自杀，或者跳进王宫外的护城河里去淹死。一个不怀好意的故事倒能让他睁开眼睛，敢看东西。也还敢活下去。那女人最聪明的是在每个故事结尾，都会答应国王，下面还要再讲一个故事，一个照样吸引人的故事，那这个国王就得耐心等到第二天天黑的时候，才能听

3

更多故事。

　　我对付老爹的办法差不多也就这样。不过，难办的还不是他喝醉的时候。那时候他总会大吵大闹，比我们其他人想的还要更加"惹眼"。不，这还不是最麻烦的。最麻烦的是他醉了几个小时以后，倒不那么"惹眼"了，可进了一种又绝望又怒火冲天的状态。我想就我知道他要干什么了；我就得等着，等足够长的时间，等他摇摇晃晃走到地下室去，在天花板的钩子上系上一根上吊绳子。就在他站到一个木箱子上，套了绳子要把箱子踢开的时候，我就得赶过去，用我的胳膊去抱住他的腿。我的眼睛就朝上瞪着他看，一点眼泪都没有，一句话都没有，就只要把他抱住。直到最后他自己把绳套甩开，让我放他下来，他就抱着膝盖坐在地上，用膝盖支着下巴，骂骂咧咧地说："他娘的，那你就继续讲吧。"

　　那时候，我就得抓紧机会讲个故事，告诉他这个家现在真是倒大楣了，而且倒了楣还没有人明白。这是一个比烧酒还苦还辣的故事。他就坐在那里听，像一个小孩子，紧张得心都提到嗓子眼里了。

　　我可不是饶恕他。我讲故事，他就差不多知道，我讲的其实是他。那时候他就敢看得远一点，越来越远，就能看到我编造出来的事情。最后，他就好像看见将来了，他

4

就不那么绝望了，反而感到轻松了，差不多高兴起来了。虽然这个故事里其实有一点黑，他还是能高兴起来。

有一次，正是他在这种寻死觅活见了鬼一样的状态的时候，我给他讲了个故事，讲得清清楚楚，简直就可以跟玻璃一样清楚，甚至能把手指都划破了，他听了就把拳头狠狠砸到墙上，嘴里还大叫着："没错啊，这才是说到点子上了！"

然后他就可以再活几天了。

最要紧的是得吊胃口，正讲着眼下这个故事的时候，得让他先偷看到一点下个故事什么样子，这样他就会感到很好奇了，就想知道下个故事里会有什么好玩的事发生。这样他就不会太着急去系紧那根上吊绳，相反，他会给我时间，让我来得及冲到地下室里去，直到他再骂骂咧咧地说："他娘的，那你就继续讲吧。"

我先什么都不说，让他急得干瞪眼。等到我们都坐在那里没一点声气，静了足足有一分钟的时候，他就会开口了："我**可以**听啦。"

然后我才讲故事。

是啊，我可以看得出来，你有点不相信的样子。你的意思是说，我不会有这记性。要是我向你保证，我实际上就是能看见这些事在我眼前，那也没什么用的，你还是不相信。老天爷，尽管都过了这么多年了，我还看得见，甚至还能一摸就摸到这个老头子呢。可你还是不信我，是不是？那你他妈的见了什么鬼，为什么还来找我呢？还指望我能"回忆回忆"——这不就是你这种人常说的话吗？你到底想干什么呢？

别动啊，再坐下吧。你不用发什么火啊。我明白，这件事是很敏感的啦。可你以为呢，**我**该怎么觉得呢？除了我，还有那些跟我一样被抛弃的人呢？或者说吧，那些被唾弃的人呢？失忆症有时候还他妈的真管用，在你不太愿意记住什么的时候，它就用得上。比如说吧，在你不太愿意记住另外那个瑞典的时候，就是那个我和其他你们看不见的人一起住在瑞典的时候，那就管用了。你们让这些人存在，可他们却过不下去。就好像这些人又活着，同时又没活着。这种人只会越来越多。

你们已经把身上的过去都抖干净了。而你现在还把希望放在我身上。当然啦，你的意思是说，在我们身上，也应该能找到什么过去的东西吧。我们要把身上的东西抖落干净可不像你们那么容易，所以，我想去记住点什么事情的话，也许还能有点戏。

你没说到点子上。很可能我脑子还剩下了这样那样的东西啊，特别是那些打了烙印的东西。不过，也不是说我能讲我记住的东西，不是那样的。是我讲故事的时候，我才能记得住。我要说的词儿，全都是从那个我够不着的地方跑出来的，怎么会是这样我也不知道。它们会钻所有的空子，又从所有弯弯绕绕的路上逃走，能够找到我从来没想到过的什么东西。所以，是故事为我记住了东西。

不过，还得有人在听才行啊。

现在可是你坐在这里，睁圆了眼睛等着呢。你盯住我的嘴唇等着。你要我帮你看到什么事情呢？也是帮我自己壮起胆子去看？行了，什么都别说了。你先得听我把故事给说了，听听那个残酷无情的语法的故事。什么事都是从那个开始的。当然也是说，从**我**坐到这里开始。不过我想也是因为你到这里来了。对的，我怕那种残酷无情的东西有一点点是在你的眼睛里，而你自己还不知道。

就看你能不能扛得住了。有那么难理解吗？

你们，你和其他那些人，都很滑稽。你们只要忘记了就心满意足了。要记忆有啥用？记忆都他妈是烦人的，还是死皮赖脸缠人的，只会唠句不停告诉你，这件事过去是这样子的，不是那样子的。那些发生过的事情多半不是你们想要的事情，不是你们觉得眼下正想要的事情。所以你们就认了失忆症，同意让你们可怜的生活给挖掉一大块。然后你们就可以坐在那里，脸上空空的什么都没了，嘴里还要嘟嘟哝哝骂骂咧咧。

没错，也就是今天晚上，你倒不那么麻木了。现在要紧的是对付出了的事，不愉快的事。又偏偏是你要负这个责任。突然你得让另一个女人记得，哪个星期六上午十一点十五分的时候，她干了这样那样的事情。现在我们是坐在这个蓝色的门的后面，这门还是铁做的，意思是什么，意思就是说我进了局子了，是我伤害了什么人。或者比这个还要严重，对吧？这样的话，失忆症就不太方便了，对吧？不过，不这样的话，又会是怎么样呢？

没人做什么正当防卫。除了这个讲故事的人就没别人了。是的，我注意到你又要发火了。你以为我就是为了让人注意我，让人觉得我很重要是吧？可这件事不是我自己的事，这是说那个故事的事。我自己什么都不是——在学校里的时候他们都觉得我差了一大截。不过，当我嘴里有词儿可说的时候，我就聪明伶俐起来了。我要讲的故事本身，真他妈的可比我狡猾得多了。故事里那些词儿比我知道的多得多，比我看到的也多得多。这个故事实际上是唯一的还敢跟失忆症较量一番的。也许，它甚至还能帮我找到孩子呢……

在失忆症里我和孩子已经互相丢失了！你有孩子吗？你不想回答这个问题吧？不回答也好，也许这是个最聪明的办法。要是我开始想这些事情，想到自己可能在那片白色的世界里失去了什么东西，我也会觉得有点难堪的。那样的话，我的整个生活就成了一个寻找什么的问题了。

对了，不管怎么说，**我**是有孩子的。是你让我认识到了这一点。这让我感到痛苦。也许你说的对，我一定干了什么事情，是和他们有关系的。

不过，就在所有这些事情中间，总有点什么东西是不愿意让人讲出来的。就在我身上，既有一个大洞，什么东西掉进去就没了声音了。或者这么说，那个洞里的所有的东西，都会变成一声尖叫，叫的时间那么长，以至于没人能听到了。我不知道。不管是你还是我，不管什么人，我们都是不那么相干的。不过，我身上的那个洞，不是一般的破损。此外，它还让你痛得要死。要是我能明白，是什么妨碍我去看，去明白，那该多好啊。

时不时我能看到一丝亮光，那比一秒钟的时间还短。会不会是一只小手，穿过一个汽车上摇下来的车窗在向我伸过来？也许是另一个孩子，稍微大一点的孩子——那只是一声叫喊，是什么东西拼命要抓住你不放，可是又被拉开了，被拖走了。

我肯定没法直接讲这些事情。就好像人在黑暗里面的时候，你绝对想要看到的东西，你就不能直接去看。那时候你就必须从旁边开始看。

　　不过，我不能肯定，是不是有什么东西**非得**讲出来。或者有的话到底能不能讲。不管怎么说，我就不知道自己能不能讲得出。虽然我也注意到你只会变得更加固执，非听不可的样子。你还真他妈非要什么都知道不可啊。

我落到这个地方，也算是那套语法的一小部分吧。我刚才还答应你，我要讲讲那套语法呢。我怎么会被关进来的，这个你还看不到。我知道的全部的事情，就是这种坐牢早就开始了，而且还会继续下去，可能还一直要坐到我死，只要活着就坐牢坐下去。

这个牢房已经等我等了好多年了。

我说的那套语法，你肯定知道的，不过叫法不一样而已吧，你可能把它叫做别的什么东西。也就是那套语法，让一只脚能跨到另一只脚前面，然后把这个叫做走路。它能把该说的词儿塞进你的嘴里。是它来决定谁是主语，谁是宾语。是它现在说，我得坐在这个拘留所里，而你要来当我的辩护律师。

是啊，你肯定在想，这些事我们都知道啊。可你能**看**

**得见**吗？你能明白，那些语法规则想在我这样的人身上做什么事情吗？

我在学校里学的东西，我当然也不记得多少了。但是有一样东西我记牢了——那套语法，一下就进了脑子了。那门课该叫做语言学吧，不过我还是更喜欢那个真实的名字。**语法**。它告诉你的不仅仅是词怎么会凑在一起的，而且还告诉你，整个生活是怎么安排的。起先，我还以为语法这么容易就溜进了我的脑子，是因为它让我能明白什么事情，看到那里面冷酷的东西，还包括我原来不知道的东西，这是很有意思的。可能还因为这个词放在我嘴里真合适，一进嘴就好像融化了，还能像鞭子一样抽你一下。不过，后来呢，我知道这是为什么了。因为我能认出什么东西来了，这东西事实上能把我吓得屎都拉在裤裆里。

尽管如此，这肯定要拖延了一段时间以后我才明白。我明白了语法不仅仅能在学校黑板上或者书里面把词汇安排好。我的意思是说，我明白了一个词怎么样就可以横行霸道地压在另一词上，把它掐在喉管里掐一会儿。或者说是一个词怎么样就带着一张催债单就来了，把另一个词压在墙壁上，还挥舞一个套在手指上砸人的铁钉，为的是让你把事情看得更明白。这样一来，我慢慢也就知道了，语法管的事情大得多，非常非常大。在这个世界上有很多无形的势力，你看不见的势力，它们来决定这个是主语，那个是主语。而我就是一个宾语。那么，表语基本上就是人家不会在事先大说特说的部分。就好像是我当了派对女王的那个晚上他们想方设法要跟我搞的那种事情。这个等我以后告诉你吧。

我要先讲这边的事，这样你就能明白一点。你可以设想一下，我们是坐在一个普通的破旧的教室里，可能是初二的教室。我应该是十五岁吧。要是你进了这个假想的教室，你就坐到我旁边的课桌后面来，那样你就能看见了。那张课桌里是空着，所以可以坐。课桌盖板上的那些字他已经刮掉了。他这个人现在已经没了。这也是让我感到恶心的事情。

不过，现在是在上经济常识的课。我是全神贯注在听着；这堂课看来很重要。上课的是个代课老师，嘴皮子动个不停——这我现在能看见。实际上他说的话我还全都能听见，不过还是没能抓住，差了几分米。就好像你伸手去拿水里的一块石头，看着能拿到就是差一点。有另外一个世界跟我的世界就差那么一巴掌大的距离。就在一张写着瑞典地图的地图上面，还有另一张**瑞典**地图——有同样的标成红色的城市，有同样的破破烂烂的蓝色湖泊，有同样的黄色和绿色的斑点。我很清楚，那些黄色绿色的斑点是表示什么，可这也没有用。他们的瑞典是一个闪闪发光的国家，不管我怎么努力，我也从来进不去。那就是语法在挡住我。

现在他们开始课堂讨论了，这也是应该做的。一张张嘴巴都动了起来。我当然也都能听见啦。不过，到底说的是什么，就像是碎片一样从我耳朵边就过去了，到那个我进不去的国家去了。

不过，后来课间休息的时候，我还是能抓住这些话，那时候我抽抽搭搭地讲了他们怎么来带走我老爹的故事。老爹当然是拼命抵抗的，不过还是被拉出去了，自然就变得越来越薄，越来越长，就好像一条蚯蚓，被什么黄雀用力从地里叼出来。直到他们把老爹抵在门框后面的两只脚都掰开，一堆人手忙脚乱把他塞进汽车。车里的那些人都互相翻滚到了一起。没错，他们把他抓走了。至今我都还没明白到底是为了什么事情。我马上会告诉你所有的事情，真正发生的事。我要告诉你那时候我们还看不到的事。当时我们以为那只不过是一个故事，其实不止。

我也没忘记我的老妈，他们抓走老爹的时候，她一声不吭也一动都不动，一根手指都没动。她就穿着她那身破旧了的晨衣站在那里，就好像她根本就没在家。她从来不说什么，也不为老爹辩护，事情变得那么糟糕的时候，她也不敢听。她只想用手捂住脸，以为那样就可以把自己藏起来。我真的可以想象出来，这是一幅多么热闹多么好玩的场面。

我就坐在二十张笑得扭歪了的脸中间。我就在那里。别说了，你不用说我出卖了我老爹。他们早就知道，什么都知道。要紧的是你怎么讲这个故事，是讲故事的方式才算数。如果我讲得好，他们甚至会明白，也就不会只来嘲笑我了。能讲这个故事让我真的很开心，开心得要死。那是一种欢乐，充满了整个校园。所有的孩子，还有那些树，还有那些地上的碎石头都乐得闪闪发光。在我的校园和他们的校园之间那堵薄薄的看不见的墙已经不存在了。我们互相太接近了，我就讲啊讲啊，感觉我的脸都要燃烧起来了。而他们别的人就大笑，就把武器都放下了。我已经成功了。我已经找到了能放我进那个世界里的表语。当我讲故事的时候，就有了欢乐。欢乐就能找到路了。

后来我就注意到，我的成功其实并没有改变什么，什么都没有改变。当我想跨入到**他们**的谈话里去的时候，我撞到了那堵薄薄的把这个世界和**那个世界**分开的墙，我就撞到了那种笑脸，让我感到很痛苦的笑脸，因为它是不想让你注意到的。要是我能找条缝隙钻到他们的瑞典里，在他们中间小心翼翼坐下来，那么这把椅子会不会变成了那把椅子，而我也自己也变成真的了呢？需要的就是往那边跨一步而已啊。可为了那一步我甚至找不到什么词。

可这个教室以为它是知道的；我从来找不到那个词。是不是这样，就等着瞧吧。

不过，"后来"也是另外一回事。也是不久前吧，我让那个弗雷德——在我们上课的教室里，他坐在我前排的右边——我让他在我的故事里当一个警察的角色。我加了一点，也修改了一点，这样他就可以进来占据一个位置，还可以多一点内容，不过他们都以为他们能认出他说话的口气，也可以在空气里用鼻子嗅出发生的事情。他们都笑了起来。大家都笑，只有一个没笑。

他已经开始盯着我看了。他不能接受吗？就不能让我得到一汤勺的成功吗？是他看见了，那些人平常对我是多么不客气。一两年前，他自己也受了人家欺负，甚至到了自己想寻死的地步。那是在他迫使那些人也不得不尊敬他之前。其实也不用做什么，就在有个家伙正要欺负他的时候，把那家伙的耳朵揪下来就行了。

偏偏就是他不能明白，这点特别让人伤心。他自己那么脆弱，也那么敏感，好像有狗一样的嗅觉，对于别人的心思一闻就能知道。他真的太像我了——他要是听见我这么说，肯定会更加恨我。我把他拉到了我的故事里，也是有意的，偏偏要把他也拉进来，这可能也是我说的那套语法的一部分吧。对于像我一样的人，这套语法会制造出陷坑来，而我还抵抗不住诱惑非要往里跳。不过最糟糕的事情不是我把他拉进了我的故事里面。他也明白了我其实是爱上他了。他明白了其他人早都明白的事情。而这对他是不能忍受的。我真愿意请他尽量原谅我。不过，这只会让事情更加糟糕。他的影子已经黑黑地笼罩在我要给你讲的故事上面了。

这间教室的四堵墙之间的语言，意思是说它知道我将来的生活是怎么样的。它会说，你就抵抗吧，那你就会像地里的蚯蚓被拉出来的时候一样被拉长了。那有什么用？在这套语法里，在这套友好地对你表示冷酷的语法里，每个人其实都有个确定的位置。还会占据这个位置不放。

这套语法肯定在我说的两个国家里都可以用得上，不过，只有在我的瑞典，它才是看得见的，才是可以感觉到的。而且还能决定，其他什么都没用。这不就是社会学课程吗？不就是我们有时候会翻看的那本破烂小册子吗？不过，这样的社会学其实有两门；其中一门只不过是从另一门那里跑出了格一点而已。在我的社会学里，肯定有同样的国会，有同样的报纸，有同样的投票权——不过它们并不存在。而且，最典型的事情可能是这样的：在我们这里发生的事情，就算发生了吧，但也不能算数。也只有我们这种在另一个国家里的人，才能看得见，才能闻得到，才能感觉到。

看起来好像你难以理解这些事情。你很肯定，认为你们那些住在你们那个瑞典的人，对我们这些住在我们的瑞典的人是尊重的。可你还是直接从我们中间走过去，甚至都没有注意到我们的存在。

是啊，这让你有点生气，脸都绷紧啦。难道我们不能投票吗？难道我们就不能像其他人那样，做我们能做得了的事情吗？难道我们不能得到法定的电视娱乐吗？人这么问的时候，心里也已经有了答案了。不过，我们投的票都落在投票箱子的外边了，而我们自己也都落在我们的工作和社交圈子外面了。是啊，大概你也根本感觉不到，你们一直在打断我们要说的话——你们甚至也听不到我们正在说话。就算是**我们**上了电视，我们也不会被看见，不会被听见，无非就是那个屏幕里耀眼的色彩和热闹的声音之外的一点点微光，一点点非常非常微弱的声音。

我们甚至都卖不出去。

不过，尽管这是有关那套语法的事，我还是要坚持讲下去。也就是说我的故事不害怕这套语法。我的故事总能超过它一步。最让人惊讶的事情，是我的故事能让语法做它的女仆，强迫它也跟着走，还帮着弄出点什么事来让人看看。既能看到人是怎么样的，事情是怎么样的，也能看到语法本身是怎么做的，怎么指挥的。

但是，讲故事的这个人，不可以是任何人的女仆。我还没有给你看过吗，我用来记词的那个小笔记本？那就是我潦草地记一点所谓"语法"的地方。你瞧吧——我先写个句子，一个我在图书馆里找到的句子：我不服务。我知道，它听起来有点老掉牙的口气，不过这是我学会的最最重要的事情了。

有个特别的故事，一个比起其他故事更要厉害点的故事，一个特别的章节吧。我知道有这个故事，不过眼下我找不出来。在那个章节里，房间里所有的东西都亮了，椅子就正好是椅子，窗户就正好是窗户。那个章节里，也有孩子，一个会亮起来同时又让你感到痛的章节。眼下我找不到这个章节，不过我能想得出，我怀里怎么抱着一个小不点的襁褓，还有一个是大点的，像大黄蜂一样爬到我的膝盖上来。他们盯着我讲故事的嘴唇看。在孩子们和我之间没有任何隔膜。我们讲我们自己的故事，所以我们真的在那儿了。我们就坐在欢乐中间。我们不是在欢乐外面。

你能明白吗，看到这些事情，会让你多么痛苦？不是啊，这不是记忆啊。我眼前就**看得见**啊。而且我明白，有人把整个章节的故事都从我这里偷走了。

现在你算明白一点，把我关进来的是什么事了。你不知道的是，是什么给了我力量去抵抗。我还能顶嘴。我们这些在另一个国家的人，我们也会变得厉害的。我也觉得你不会知道我内心里的声音，那些没有得到语法的许可就出现的声音。是别人的声音，是我本来应该被关在外面的那些声音。这里我们就有了我们必须小心的机会了。我会告诉你的。

实际上，我从哪儿开始说都可以。每个故事都在另外一个故事里是扎了根的。就好比一个人的生活其实是从另一个人的生活里开始的。你只要把那个先冒出头来的马上抓住，然后把它给拉出来。所有的故事其实都是连在一起的。那个讲故事的姑娘就知道这个，那个讲一千个故事的姑娘。

我的生活可以说是从我老爹那里开始的。当然也是从老妈那里开始的，不过她总是溜走，也是从我心里溜走。我是从老爹那里得到这些韧劲的，苦日子也会熬。

一个这样的该死的铁门，曾经是要把我老爹给关在里面的。我刚才也说了，他们到家里来把他给抓走了。至少在那个写什么报告的人看起来是那样的，抓走了。

现在我得给你讲讲那是怎么回事了，有人说的不是一回事，还盖了批准戳子，那我得讲讲到底发生的事情。他们是怎么想办法把老爹给弄走的。那么同时呢，我也可以告诉你，我认为事情都是怎么凑一块儿的，而且还没人看得见。

在我记词儿的那个本子里，我写下来过一个最能打中要害的词：交流管。你记得这是什么吗？你就想着两个装了点葡萄酒的酒杯吧。我往一个杯子里多倒点酒的时候，另一个杯子的酒也会多起来。尽管它们既没眼睛又没耳朵，可它们互相能明白。人也可以是这样的。有一种看不见的联系：我想给你讲的事情，还没说就已经到你肚子里去了。所以你就明白了。

那天清早，一个平常的清早，有人按门铃，按了又按，不停地按。我爬起来，一边还打哈欠一边开了门。外面站了五六个人，都摩拳擦掌要抓人的样子。有两个是穿警服的，其他人穿便衣，不过意思也是说他们是警察。有人拿起一份文件，也完全明白老爹在家里，在他们把这个破房子翻腾个个儿之前，他们已经是满头大汗。派他们到**我们这个**瑞典来办事的时候，他们总是跟见了鬼一样，紧张兮兮的。

他们忘记了一件事情，就是那个交流管。他们以为有权有势的人可以把我老爹拖走，还不要付任何代价。

所以他们就带着警犬进来了，还有警服里和他们的眼睛里跟进来的冷气，对那个床垫上睡着的人喊叫"起来起来"，这人今天偏偏还病得不轻。"起来起来，跟我们到派出所去"。

他们又是拖又是推又是撞，要把他弄起来。他拼命抵抗，就好像这个没人要的破房子还是他舍不得的家。要把他拖走就好像要拉掉粘住了的口香糖。他的胳膊就变得越来越长越来越细了，他的身体也被拖长了，所以他们把他的头拖到楼道里的时候，他的脚还留在厨房间呢。不过他们那么拖他的时候，他的身体好像也被掏空了。就好像先是他的声音从一个包里打开了，然后是他的脸——他的脸现在就像一个长长的发光的气球了——最后把他的思想、他的感觉还有记忆全都掏空了。所有算是他的东西就都拿掉了，只剩下一个没了名字的身体，甚至连皱纹都没了。

他们没注意到，老爹的身体掏得越来越空的时候，他们自己的身体里一点一点就装满了臭大粪，还有这个破楼里的各种鬼把戏，各种打闹。他们的脑子就有了稀奇古怪的想法。他们使劲擦自己的脸，因为都认不出自己来了，嘴里就开始骂娘了。最糟糕的是，他们在这个房子里到处东翻西翻问这问那的时候，他们也开始自己撞自己了。在那些破烂的床垫里，还有空酒瓶和成群的苍蝇里，他们可以找到自己被禁止的生活。认出了通到阁楼上的楼梯，还认出了自酿私酒的酒糟臭味和发泡的声音。就好像他们不光到这里来过，还有大半辈子是在这里过过糟糕的生活。

现在他们中间有个人站到了厨房里一个漆皮都剥落的橱柜前面，还正想把柜门撬开。不过这时候他突然就把手缩回去了，好像被烫着了一样。我可以马上看到他脑子在想什么，他变得多么害怕：他突然明白了，在破烂的柜门后面，等着他的是他自己的一块身体，那是他痛死都不想看到的。这样的事情是绝对**不可以**发生的。

他们那些问话都含含糊糊的，不过我倒明白了，他们以为老爹和这一带发生的什么谋杀案有关系。那可能是不同家庭之间的算账，因为借债没还什么的，大概就是那类的事情吧。他们其实应该去按邻居的门铃，那他们可能知道得还多一点。可老爹会和谋杀有什么干系？要说敢杀谁的话就是杀他自己罢了。我真费了劲想让他们明白这个。可他们只会把我推开。一个十岁的黄毛丫头能懂什么？他们都不知道，其实我才八岁。

最没劲的事情，当然是总能在你这里弄出很多屎来，就算你本来是清清白白的也没用。邻居那里出的事情也会把屎溅到你家里来。所以，在你家里也能找出屎来。

可现在这帮警察太激动了，所以他们已经搞不清楚一点事情了。看起来连他们自己都要牵连进去了。有一个去按邻居门铃的警察，突然注意到自己的口袋里有一卷钱，一卷钞票，就想拨拉到门口的软木垫子下面去。可他妈的见鬼，怎么又到我口袋里了！不过最糟糕的事情，还不是总有什么东西要把他们也牵连进来。最糟糕的事情我可以从他们脑子里读出来；他们明白了，他们早就和这里的事情有关系了。

尽管如此，他们还是继续拖走老爹，因为他们开始就不能收场，也不知道怎么收场。他现在肯定有十米长了，也掏空了，空到两只耳朵之间就只有一把勺子了。他们每拖出一块，他们自己也更深一步跨进了这个房子的臭屎堆里。不过，这也涉及到所有那些看热闹的人。他们凑到房子这边来围观，还要努力装出自己是局外人的样子，他们已经知道得太多，多到自己都不敢喘气的地步了。等到门口能看到老爹的灰脑袋的时候，人群里也有很多人伸出手来指着，就跟我学校里走廊上那幅吵吵闹闹的画，里面的人也都伸手指着：凶手！那时候他们就会看到，他们的指头也会蘸上了鲜血，赶紧要把手藏回到衣服里去了。

警察费尽力气要把老爹塞到车里去的时候，我就站在旁边，我的意思其实是说他的脑袋和肩膀——因为腿还在楼道里呢，中间看起来就像救火车来的时候拉的水龙带。我对着那张空空的脸说话，可他已经什么都听不见了，也不认识我了。

这时候其他警察也出来了。第一个警察说："我可受不了了。"第二个警察说："我对天发誓，我以前从来没到这里来过。"第三个警察说："我们到派出所再把这件事搞清楚。"第四个警察说："还不如到地狱里去搞清楚吧。我们还是捂上盖子吧。肯定是地址搞错了。"

他们把老爹扔在人行道上就赶紧走掉了，带走了所有他们不敢知道的事情。老爹的身体就慢慢缩回去，缩到原来的样子。就跟一条蚯蚓一样。很快他就又回到房间里去了，脸也恢复了原来的样子。然后我就给他讲了个够可怕的故事，他的精神头就又来了。最近的所有蹊跷的事情，所有的威胁和恐吓，就好像一下子全都从这个房子里吸出去了，没错，甚至可以说从这一带整个街区吸出去了。在警察都不敢撬开的那个柜门后面，其实不过是一个无辜的水桶，拖地板用的，还有一个菜汤罐头。

这天，老爹和我都过得非常快活。

至少我们还**能够**活得快活。因为在外面围观的人里有个穿紫灯芯绒的小姑娘，在跟着大伙人散掉之前还跟我挥手打招呼："咱俩回头见，就咱俩！"

也没说是什么事情。不过她的影子还是留下了，落在所有要说的话上面；什么事情都会发生的，你可别太相信他们说的小孩抚养权的事情。

这个问题是什么意思？我得和什么人说说。老爹只会缩回去，缩到自己可怜自己的地步，而老妈只会像平常那样摇头——"现在什么都别说了。求你啦。"

我就是那时候碰到艾琳的，那是我这辈子遇到的最奇怪的人了。那是在办事处，是在运河边上的那座带有花坛的黄房子里的办事处。她真的能把孩子带走，她自己是那么说的。我想她是第一个认真听我说话的人，也不会嘲笑你什么，或者要你有一点时间去说什么安慰她的话。我慢慢才明白她，她得花多大力气才能控制得住自己，因为她就是那种说起话来会滔滔不绝的人，说话也没边，还把自己也搅到麻烦的事情里。她比我自己还要像我。不过现在她在认真听你说话。就坐在那里听，一声都不吭，安静得不可思议，这样你就敢继续往下说。她能做到我还不能做到的事情——她会写字。她可以把我们的生活放到那种灯光里，在灯光里什么就都变得真实了。而且她知道得一清二楚，**天意**对哪些词是特别敏感的，也知道天意会怎么样倾斜，天意会让你明白什么，又不用过分直接地对你说。她教我懂得了**"缓刑"**是什么意思，也教我懂得了，要得到这么点其实不值得过的生活，需要做什么事情。没错，它实际上就是这么叫的。

她自己的生活也应付不了，只能应付别人的生活。她的儿子及时就躲开了她。我知道这个，因为几年以后我给那个大儿子打扫过卫生，是打黑工。他叫艾利克。那是个混蛋。总有一天我要收拾他。不过他自己总能过得去。只要帮他张开嘴，让他开始把他调查的事情说出来，也就足够了。他根本不知道他为失忆症做了什么事情。

有一天晚上，我坐在艾琳家里，她有点激动起来，因为我这么经常地需要她，她就说："幸亏我从来没有过女儿。对我来说，这也许很残酷，但对她来说，那就是运气了。不过，我还有你啊。"

老爹的那种韧劲和艾琳的沉默，帮我度过了你说的那种童年。可他们得到了什么呢?

就跟我说过的那样。一个故事能记住你不能记住的事情。它还能听见声音,是人们才说了一半不到的声音,它都听见了。不过,它对我倒有另外的要求。它要我还给他们公正,既包括老爹也包括艾琳,还有其他的人。

要给人公正可不那么容易,特别是你看到了太多的时候就更不容易。老爹也就只顾他自己,才能熬下去。他就跟一颗牙齿被拔掉以后那个空洞里的舌头差不多;就动个不停,歇不下来。其他的就什么都不管了。

而艾琳呢,她那么站在我一边,也有点烦人。她说了她可以把孩子带走。没错,就是我。我就成了她不敢自己生的女儿。虽然她其实年纪都够做我的外婆了。她也不那么忠实可靠。她控制不住自己,还会把事情透露出去。她会把自己的儿子都出卖了,只要谁不嫌麻烦愿意听她说,她就把话倒出来,真是太瞧不起她自个儿了。自己就蔑视自己。上帝保证,她太不值钱了,骨头轻得很,有时候还会飘到天花板去了。你总得值点钱才能进得去,对吧? 没人会让你免费就进去。

艾琳以为我就是她的女儿。我真是下地狱了! 我可从来不会出卖我的孩子。我会保护他们,我会用我的牙齿和爪子去保护他们。我真不明白,他们怎么就成功了,能把孩子从我这里拿走。他们来拖走老爹的时候，我还能拦住他们，可他们来带走我的小不点和大黄蜂，我没拦得住。这里肯定有什么事情是不对头的。

不过，你当然说得对：故事就是从那里开始的。

<hr>

译注：

艾琳（Elin）为本长篇系列卷三《蔑视》的女主角，有论者认为作者以自己的母亲为原型。

对啊，你已经注意到了，好多影子已经落到了我要讲的事情上。你也猜想到了，当事情真的紧张起来的时候，其中有个影子已经在那里了。

那些影子是有主的，主人当然是住在另一个瑞典的那种人，不过他们可以到我的瑞典来转转，能自说自话拿走这穷人们住的地方也还能发光的东西，或者是在神经兮兮的时候故意找麻烦。那个影子就是他们留下的东西。那影子说：你别以为你没事了。或者说：我们还会来的。而且你就别做梦，以为你能搞清楚我们什么时候来，或者怎么来。不管怎么说，你算个屁。

现在你也许以为，在我们这里，在另一个瑞典，你就没救了。其实这不一定是真的。你还是可以讲啊，讲了就自由啦。你不是注意到了吗，连来抓我老爹的警察，也可以让他们撒手啊。

我说到了"自由"，就从你的眼神能看得出来，你觉得那不过就是一个词而已。你和那边的那个牢门，你们以为你们才知道自由是什么，那是你一到牢门铁板的外边就玩完的东西。你们根本不知道自由是什么滋味，自由有什么气味。更不知道自由怎么把你扛着走。只有我讲的故事知道，故事能够让那种透明的没有气味的东西真的存在，那就是我说的词。有了词，所以他们就可以缩进你的鼻孔里，还可以在你手指里试验摸索。我要试试给你讲清楚：我要告诉你，自由给你什么感觉。那是买一送一，在我给你讲那些影子的时候，顺便送给你的。你不是要听我讲那些影子吗？

所有的事情说的都是那个只有一个姑娘的派对。

我想那是四月里的一天，有一种非常强的光线，能把什么东西都给照透了。你知道的，太阳光把树啊房子啊照得膨胀起来了，就轻得几乎没分量了。你看那些正从土里钻出来的草叶子，就跟六十瓦电灯泡里的钨丝一样发亮。我觉得我又轻又强壮，就好像我喝了一两杯酒。

这些是不是我事后编造出来的，就因为这和我理解的自由很相配？可我咀嚼回味这个想法的时候，我的身体里就可以感觉到什么：你还有可能靠打拼解放自己。不对，我不认为是我编的。这些词在我的舌头上确确实实还真有味道呢。

事情可能是这么发生的。

我们班级里有一两个男生好奇地盯着我看，起先也不说是怎么回事。见鬼啊，我今天怎么撞大运了。有什么特别的事吗？他们居然想着请我去参加他们星期六的派对。而且我要当什么……他们居然用上了那么正式那么文雅的称呼——我要当"派对女王"。是的，是真的。他们可能知道，以前从来没人请过我，现在可有人请我了。这回轮到我了。不过，他们不要我对其他女生说这个。我明白了，不是吗？

差不多吧。不管怎么说，邀请已经发出了。板上钉钉一样敲定了。

真是不可思议。突然间我就不是外头的人了。"派对女王"，这些像蜜蜂一样嗡嗡叫的词，会刺人的词，确实有点过分啊，有点甜腻轻薄的味道了。不过，不这么说又该怎么说呢。虽然我开始的时候可能想到过一个蜂后，还有所有那些围着她的工蜂，我还是感到有点危险。

我就好像在一团迷雾里转悠，一团幸福的迷雾，浓厚得可以用手指去摸了。老师在讲台上讲课的声音都远得听不见了。不过，我同时还是害怕的。我确实不知道，**在那**

**个圈子里面**人家是怎么说话的，或者是怎么坐怎么站的。得斜着点身子，对吧？膝盖得并起来。还有，穿什么呢？也许穿我老妈那件旧的晚礼服，五年前她就穿不进去了，就算她试了又试，又拉又撑的，把一个地方的缝线都绷断了，也没穿进去。那是黑礼服，有点发亮。这还行吧？或者穿了人家还会笑话你？我得像个样子吧，像他们指望的那种样子。

等我到了他们办派对的房子，所有窗户都亮着，灯火通明。看起来就跟去芬兰的那种大游轮差不多，我肚子就有种感觉，这房子就要起锚开航了，只有现实还会留在码头上。

那是大得不得了的一层楼，甚至比你在街上的时候猜想的还要大得多。我突然明白了，菲列当虽然和我分到了同一个学校，可完全就不是一个**社会阶级**的。当然我本来早知道这个。我就是没弄明白会差这么多。

可我现在到了他们的瑞典里面了。

所有男生都已经在那里了，好像吸过点什么了，已经烧得不行了，虽然我还没闻到味。我是头一个女生，至少到那时为止算是。我有点不好意思，在那堆号称吃了停不下来的巧克力豆里挖来挖去磨蹭了很久。真的他们全都在注意我，也不算是那种不怀好意的样子，他们对我穿的晚

33

礼服还点头赞赏，还要给我看他们的唱片。还说我是"独一无二的"，我高兴得脚都好像不沾地了，没踩着那些漂亮的地毯了。我也算在其他女生里了，但我又是"独一无二"的，不过那时候我还不知道那个词是什么意思。

不过其他女生迟迟不来，所有的事情就开始有点让人难为情了。很明显的啦，从你的头发什么的啦弄起，还弄你的拉链。这还不算什么呢，然后就开始变得手重了。那些男生就围上你了，动手动脚的，摸我的头发和胳膊。我感觉我喝醉了一样，同时又感到害怕。那些该死的女生怎么还不来，都到哪去了？

最后我就不得不问了。

你还不明白啊？你就是这里唯一的女生啊。

我的心就好像一下子沉到一只鞋子里去了。我就小心地朝大门那边溜过去，可他们把我围住了。别走别走，今晚上咱们得好好乐一乐啊。他妈的你以为呢，我们为什么请你来啊？

我真的吓死了，就要跑出去。一直到那时候，我还想我愿意当他们希望的派对女王。也许做**那事**也行，不过那也只能跟**他**一个人**做**。我就开始乱打乱踢了。

有人把我晚礼服后背的拉链拉开了。晚礼服就从我胳膊上被拉下来了。够奇怪的是，我还能感觉到心里其实还有笑声，我还听得出这笑声那么奇怪。我大叫大喊，说我必须走，这声音听起来就像在说：太亮了，太亮了。那些男生就开始大笑，是一种可怕的大笑，就跟发炎了一样的大笑。这回连最后一点美好的东西就都完了。这是一种完全不同的笑声，和我讲故事的时候根本不一样的笑声。

现在我已经明白他们想干什么了。我就开始认真抵抗了。有一个男生弯下腰对我居高临下地咆哮：你别在这里演戏了。你他妈的也不是什么处女，不是吗？我们早听说过你和你老爹的事情了，听够了。

都是**他**这么说的。那感觉就跟我要淹死了一样。我拼命想叫他的名字，可我已经吓坏了，好像被浇了桶冷水，连他叫什么名字都想不起来了。

我只听见我自己在尖叫，在很远的地方尖叫。有人扯掉了我的短裤，然后举起两只带血的手指，胜利了一样大喊：你他妈的也来啦。

我来的他妈的是地狱。我又叫又喊又打又踢。可有两个人死死按住我，其他人就开始脱裤子。

这时候我就听见我自己开始说话了，一种受到惊吓的嗡嗡叫的声音，但也是非常清楚的声音。等到这些词到我嘴里的时候，我立刻就变得又小又强壮了，他们也就按不住我了。

那些男生就开始后退了。我就站了起来。我不知道这是怎么发生的，不过发生了的事情就从我身体里像个词做的蜂鸣器嗡嗡地唱出来了。我就在天花板和地板之间的半空中到处游动。他们那些男生光着屁股站在那里，裤子都还没拉起来，呆呆地傻看。我就穿过窗户飘出去了，尽管窗户其实只开了一条缝，我也飘过去了。没有一块玻璃打碎的声音。

我自由了。我自由自在地飘。我飞出去的时候，有那么一瞬间，在一块窗户玻璃里看到了我自己：一个巨大的闪着光的绿头苍蝇，是那种你没法用苍蝇拍子打到的绿头大苍蝇，因为它嗡嗡到处飞，到处都有，又到处没有。

到处嗡嗡作响的词就是欢乐：一种大大地收缩起来的欢乐，现在又硬又会旋转，是一种暗绿还能闪光的欢乐，能把我从这个房子里托起来带走，这房子对我来说真的是太过分太过分了。

就这么托起来，嗡嗡地叫起来，还在窗玻璃里反射出来，还有到了外面的突然的冷空气——那就是你怎么感觉自由这个词的，自由就是那种声音，就是那种样子，就是那种气味，你就是那样听到看到闻到自由的。

不过，问题在于这个故事到底是谁的故事。这个故事最能让谁安静下来，是我还是他们，那些让他们到了自己

36

不幸的边缘上的人？第二个问题是：是不是还有另外一个故事？一个肯定不是他们的故事，一个太悲惨所以没法记住的故事？

我知道的是，到了那个星期一我就没法去学校了。在我看到那个该死的房子的时候，我就把自己给挡住了。这个时候整个将来都像一个人背转过来对着我了。但我也不能回家去，就只能到处流浪。最后我就落到了图书馆。你一定不信吧。等着瞧吧，直到你听我讲大学的事情。不过眼下我是到了图书馆，还没到大学。

不对，这不全是真的。我实际上是去了学校了。但是我走到我们班级外面的走道之前，有两个男生站在我前面拦住了我："你他妈的别再到这里来了。你还不明白吗，有了星期六的事情，你就别在这里露脸了。"

然后他就说了一个我没法说的词。也许是什么别的人说过的。不过不是他。

这样我才落到了图书馆里，坐在那里一直坐到该回家的时候。我到图书馆去过好多好多次，一直坐在那里，坐到我还敢回家。就是那样我才开始看书的。就是在那里我开始用我的小本子记事情的。就是这个封面上写了"**词**"的小本子。

在我讲的故事上有好多影子在翻筋斗。其中一个影子就是我从窗户里飞出去的时候，连裤子都没拉起来的，他还没忘记这件事呢。就是他，把我弄得最痛了。他站在其他男生的后面一点——他本来就是我们班里个子最高的。他的影子也落下来了，比其他人的影子都长，我要说的故事大部分都有他的影子。他对我的伤害是最厉害的，所以他再也不可能原谅我了。

时间过久了，那个影子就变成了好几个影子。而且我很快也就不再奇怪，会有那么多的影子愿意挂在故事里面；他们继续伤害人，因为看到别人已经伤害了你，他们都会受不了。一个影子又一个影子又一个影子。就好像是我自己把他们引诱出来的，还不是我自己愿意的。不管怎么说，在有些脆弱的东西地方，总有人冒出来，愿意在那里磨鞋底子。我知道。我碰上过好多的影子了。其中有一个是非常危险的人。

我什么时候也会成为危险的人呢？这个问题，尽管你什么都没说，我也可以从你嘴唇的动作上读出来。你的意思是说，我们这种属于另一国家里的人，我们随时随地都会绝望，什么事情都干得出来。现在你想知道，是什么样的绝望发作了，把我弄到了这个地方。你怀疑，这和那些孩子有关系。我自己也几乎开始相信这点了。不过，事情可能不像你想的那么简单。在我的生活里，你有的是疯狂的事情可以挑选呢。

　　比如说吧，发生过我纵火的事情。你想听吗？那我就可以先说这个，这还不算是什么记忆，不过是鼻子里还留着的烟火味罢了。那个时候我得到的教训，都在我要告诉你的故事里。

　　这也算不上什么大火，也就是地板上的一两个纸箱子和几堆旧报纸着火了。没错，还有窗帘也着火了。不过房间其实是空的，没什么别的东西，所以没什么危险。有个年纪比较大，也很有派的家伙，站在那里用泡沫灭火器就把火扑灭了，我也用一把扫帚有气无力地帮着，把最后的一点火苗给打灭了。有人按门铃，他就赶紧去开门，是邻近房子里跑来的几个惊慌不安的人，他回答了他们几个问题：没什么事，就是不小心弄着了火。没什么要担心的。什么事都没了。等到搬家搬好的时候，他会告诉他们的。

然后我们就坐在剩下的两把椅子上。外面已经黑了，房子就我们两个人。白天我们就把东西都打包运走了，装家具的卡车也早开走了。

他用力抓紧我的手腕子，死盯住我的眼睛里面看，要想看到比我的眼底还要深的地方。他完全没有什么敌意，更多是好奇吧。而且也很固执：你干嘛要点火啊？起先我是来一两天，帮他整理东西，清扫灰尘，把书都包起来。我们几乎都成了朋友了。突然我就来这里放火。放心，他说他不会去报警。他明白，我就是一时失去理智了，没法控制自己了……不过他要知道这是为什么。我真的要把房子给烧了吗……我明白不明白这些书对他有什么意义？当然啦！这全都是一个阶级仇恨的问题吧。是不是我从前就从来不可以拿一本书。不过，要是这种情况，那我就完全搞错了，不知道他其实是谁。

"实际上那些书我很多都读过了"，我开始告诉他，"就是那些我帮你包起来的书。"

他就瞪着眼看我，不相信我的话。

"我还读过你的两三本书，就是说，你自己写的书里面的两三本。"我补充说。

我说"你的"的时候，有些犹疑不决，因为这太有点个人的语气了。不过，要是我用"您老人家的"，可能他就会生气了。对他来说，我们应该是平等的，这对他非常重要。他不允许我感觉我就是一个下等人。

他摇头表示不相信。他真的不敢相信，我会读过他写的书。我用不着这么巴结他呀。

我就把我的手提包拿过来，拿出一张我在图书馆里从他的书里偷偷撕下来的一页。幸亏那一页上还真有一个图书馆的图章，证明我不是在现在替他包书的时候才从他的书上撕下来的。

可你要那页纸到底想干什么？

就为了时不时我还能读读啊。就在这一页上，他就把我的生活也写进去了。这是可以看得明白的。

这下是他完全激动得不能自己控制自己了，他大叫起来，这正是他希望的，他希望有人这么读他的书。就这么

41

读才对了。要是有更多的人愿意偷他的书，愿意把里面的书页撕下来带走，那才好呢。我明白了他的书！现在他要我告诉他我的身世——对，他就是这么说的：把你的事情全告诉我。他现在完全忘记了纵火的事情。他的眼睛就深深地盯着我的眼睛。就好像你把钉子都狠狠地敲死了，再也拔不掉了。我也明白了，这是他做事情的样子。

不过，现在是我把我满肚子苦水倒出来的时候了。也不光是我的，他也往里倒了他的一大部分苦水。他不仅是个写书的作家，他还是什么报纸的老板。现在呢，他就和你一样，跟我坐得那么近，我甚至可以感觉到他对着我皮肤的呼吸。他一会儿听，一会儿讲自己的故事，脸涨得通红，就跟一个孩子一样。他说，他一直在找的就是我这样的人。他愿意老百姓能用他们的失望、他们的期待、他们的欢乐来填满他的报纸。他们要用自己的口水来写出这份报纸，或者用他们的指尖，还有他们反射的眼光。他们用自己的生命给报纸生命。他说话的口气，就好像他还是那家报纸的主编。

他要我把我讲的事情写下来。在我面前的纸板箱上，就在我们喝啤酒的酒杯旁边，他铺开很漂亮的边缘有曲线的纸，不过，等我在上面涂了几行字，我们俩就只能大眼瞪小眼，失望极了。我刚讲的故事就跟火一样被扑灭了。

句子颠三倒四，就和放完烟火以后烧剩下的满地纸卷一样。我讲的事情是写不下来的。也许我得先学会写字，写得能跟我说话一样。可现在我还不敢。不过，要是我真的去学写字呢。要写得跟我说话一样。或者就好像它们就在我身体里说话。

他坐着沉默了一会儿。然后又开口说：

"是啊，我以为你会写呢。"

他以为我会写呢。我得写写我们的生活，写我们所有生活在地狱里的人。我要把读报纸的人抓住，带他们走过这个影子的王国，这个王国还努力想着法子，让人一看就知道是瑞典。

可他对这个影子王国知道个什么狗屁呢？

我和读者还要在每个人面前停下来，不，不是我们要停下来，是他们要拦住我们，先被这个拦住，又被下一个拦住，都要把他们的故事塞给我们，都要洗刷他们自己的责任，都要把他们的谎话塞满我们的脑子，都要把心从身体里掏出来给我们看，让我们能带着走，或者至少先尝一尝味道。我们碰到的所有这些人的故事要串在一起，成为一个故事，就一个长长的故事，讲的就是我们这个时代。还不行，我不应该和他顶嘴。他相信我，他知道很多地狱里的事情：我们住在地狱里的人，每个人都有一个自己的小角落，一个给自己小心地搭起来的小窝。也许我应该把读报纸的人也带到他那里去。不过，那时我就是显摆了，意思是我把他完全搞错了。那也不会让他感到奇怪，一丁点儿都不奇怪——被人误解不就是**他的**地狱吗。不过，就在这种误解中间，我又不得不努力去理解。就在地狱的中间，我不得不把地狱给废了。

我看到那个故事里闪现的一点点光。他一点衣服没穿，赤着身子坐在自己弄出来的蒸汽里，他想要跟我说话，要从头说起。我呢，就盯住他看。看他的眼神就好像是他受到了伤害，可又愿意原谅别人。

我们就坐在那些纸板箱中间，还有一片片烟灰之间，光线是那么糟糕，我们几乎相互都看不见了，他说到了人怎么样从一无所有的地方开始，那个想要说出我们生存情况的人必须是个局外人。就好像他还是能看到我，在瑞典之外的我的瑞典里的那个我。

这里面总有点什么东西太奇怪了。他固执得很，非要我讲，可讲的东西不就是失忆的年代吗？就好像他愿意我能够骗过失忆症，把什么不可缺少的东西从失忆症里面救出来。可他自己看不见这个东西，相反，他还唠唠叨叨地说个没完，说人得活在当下——是过去有过的，但只有那些和我们的此时此地有关系的东西。这个人其实也见了他妈的鬼完全是失忆症里的一部分了，而且自己还不知道。我不愿意说他也是有罪的——这种事情我不信。不过，他负有很大一部分的责任。

最后我无可奈何地说我写不了。我从来也没上过什么大学，没学过所有那些你要想真的写东西就得学的课。

他坐在那里沉默了一会儿，又用眼睛盯住我。然后他说我其实上了**我自己的**大学。我在那里已经学过了，这是其他任何人学不到的。

我自己的大学？我啊，我甚至连基础教育的学校都没上完啊。虽然我也可以说我上过学，是那个学校**旁边的**学校。你现在已经明白了吧，在那个旁边的国家，也有你们那里有的所有东西，只不过是另一种样子，要薄得多，也危险得多，疯狂得多。那里也有一个学校，就在你们这里的真学校把裤子拉链又拉好，还对我说，这下我们就跟你没关系了，这时候，那个学校还会让我继续上学。

可你们的学校没教会我多少东西，最多不过教我感觉到，被挡在外面是什么滋味。哦，没错，你们教我会读书认字了。不过我受的真正教育是我后来才得到的，是在我们这批"外面的孩子"的头上扔下了一大堆什么"措施"以后，或者是把我们扔到那种老刮风的地方，还给那种地方取了美妙的名字，什么"之家"。我在那里真的学会了读东西，我会读人，也还会读你们叫做"社会"的东西，还会读人的面孔，读人的动作，这样的话，在人家要打我一拳或骂我一句粗话的时候，我提前半秒就知道了。在那个风也更大的学校，我还学会了看人们怎么想，想他们还敢想的事情，还能看他们怎么感觉，在他们对自己拉开幕布能看到的东西有把握的时候会怎么感觉。**我们的**社会学的课，会告诉我们这个世界到底是怎么转的，不光是说说而已的转法，还告诉你哪些人是说了算的，这些人站在只是选出来的可还以为他们说了算的人后面，还告诉你那些地方在哪里，而那些地方没人可以知道的。在**我们的**学校里，你可以得到一张瑞典的 X 光透视的照片。不过我不敢肯定，你是否有胆量看看这张照片。

我相信，弗雷斯叫做"我的大学"的东西，就是这样的更艰苦的教育。

不过，今天我对他的话有另外一种理解。他说的是那个故事。那个故事才是我的大学。那个故事一直比我自己知道得还多，可以每天教我很多事情，都是我根本想不到的事情。它能够达到那种挂着"严禁入内"或者"生命危险区域"牌子的地方，还能进去。它不用费事就能听到人们在想什么，看到他们的手就知道他们是哪里来的，知道他们想要什么，而且这些人自己都可能不知道。我讲的这

46

个故事，能够搞定那种连我自己都完全陌生的事情，而且它是用了一套套的阴谋诡计，都是我讲的时候这个故事自己发明的。而且全都有一种让你喘不过气来的样子。我可以直接就看穿这个铁门，看到外面，看到那个国家的很远很远的地方。不，不对，更好像是所有那些事情都进到这里面来了，就好像全都占了我后脑的位置，还有我的嘴巴里的位置。我听见艾琳就在我身体里，所以我能像她那么说话。我可以听见我爷爷的声音，他曾经是个建筑工人。还有弗雷斯，这里也有他。当他们的声音在你的身体里面响起来的时候，你不得不听，不得不让他们说。你要想办法给他们公正。

我的故事就是我的老师。也不管我讲的题目本身是多悲伤，你会从这一切事情里走出来，而且很奇怪的是你还会感到轻松了。

现在我得给你看看一小片纸，是我贴在这个小本子里的。说了这些话的人，他肯定知道，"这个故事让人又悲伤又难受，可没人会明白，为什么我读的时候，看起来是那么高兴快乐。"我不知道这句话是谁写的。这是从什么书里撕下来的，到这里就没了。对，下面一句只剩了第一个大写的字母 K。可这实际上等于什么也没说明。不过我非常喜欢我的朋友 K。我想，是他最能明白，也知道得最

47

清楚，那个看不见的大学能够教我什么东西。

要是我自己没法对付这些事情，不得不借人家的一个声音，才能把必须讲的事情都讲出来，那么我一定会求我的朋友 K。或者是一个和他特别像的人。

现在你要感到奇怪了，所有这些事情，和我的辩护有什么关系。我的"大学"可没教我一点东西，连屁都不知道是什么事就把我弄到这里来了。可你仔细想想啊。通常的情况下，妨碍我们的是什么呢，不就是我们找不到什么前因后果吗？那就没法把所有的零碎都装到里面去。我们看不到整个事情的样子，没有看到大局啊。

就在这个地方，我的大学就可以派用场了。要是你愿意的话，或者也可以说是我的故事。这些故事都有地狱的那种面孔，尽管它们在那边的铁门里面就都停下来了。突然间我也能看得很远了。我看到很多事情勾连在一起。而且我突然也对所有那一大堆的"为什么"都有了答案。

而且我们现在还有了一条轨道。

我们要一起讲故事，你和我。

不过，先得回到那次放火的事情。

弗雷斯说，他现在对我多了点了解。而我也知道是谁在听我讲了。也许现在我能为我的小诡计找到词了。用那一把火，我到底是要达到什么目的？

我盯死了他的眼睛。见鬼了吧，要说到玩火，他比起我还要大意多了。

"我要你看着我"。

最后还是他把眼睛转开了。

不管怎么说他看过我了。这真的有用吗？

"我想是吧。不过……"

就在我说的"不过"里，已经有了我慢慢终于会明白的有关他的事情。

---

**译注：**

弗雷斯（Frese）为长篇系列卷二《误解》的男主角，有论者认为作者以瑞典某左派报纸主编为原型。

我们要讲故事，我和你。我们不是有过一个计划吗？不过那个该死的铁牢门却不肯答应。它还假装它愿意保护我呢。

很明显，那个蓝的门其实也是两个门，一个门大约在另一个门的外面这么多。属于你们那个国家的门发誓说它会把我这样的人看住，保证不会有什么事干扰调查。另一个门呢，那个属于我的国家的门，它有更多的话可以说。它就和**天意**一样会饶舌：**你得合作**——干脆说吧，你得跟我们一样看。现在它还要阻止我去理解其实我本来还不需要理解的事情。它的意思是说，有关我的案子，人家已经知道得够多了，我根本没必要去撕破那种只会让我感到痛苦的东西。事实上它是要保护我，不要让我受到我自己的伤害。这就好像你给狗颈子上套个硬套子，这样它就不会把自己的颈子抓破，抓出血来。

也就是说，我得骗过那些太愿意为了我好的人，要比他们更加聪明。所有能知道的事情他们都已经知道了。他们不仅仅愿意给我擦干净鼻子，还愿意帮我去想事情。

我不会把他们都看成是一模一样的，不是一条裤子里生出来的。我也见过一两个非常可靠、非常善良，给社区带孩子的老大妈，她们更多是听你说，而不是给你做主。我不是碰见了那个艾琳吗？

不过，然后就有了那些山妖。他们当然也都是好意，这个没话说的，有了那该死的好意，他们就什么都不用多做了。他们身上一块块的东西都已经开始从那个好意里长出来了：耳道里又生出了毛，鼻子也变大了，而且也都堵塞起来了，手指尖也变粗糙了，没什么感觉了，指甲都可以把东西抓破，可他们自己还没注意到。

我相信我开始找到感觉了，能感觉到发生的事情。一点没错，山妖也包括在内。我只要开始说了，那你就能明白了。我就是不懂，为什么会让我那么痛。

我要努力说出的事，就是那些被偷走的孩子。

从前吧。是我还能自立的时候。我刚离开了一个几乎还可以算男人的男人，尽管他把谎话塞满了我的脑子，还需要到一个洗衣店绕一小圈才能赚点钱。不过，真正存在的是孩子，是大黄蜂和襁褓里的小不点。在我的孩子那里什么都是实打实的，没什么几乎差不多什么的。

在我给小不点换完了尿布，还用我的嘴唇去轻轻咬他的脚趾头的时候，他会乐得格格大笑，这时候整个世界就又都完整了，又成了一体了。大黄蜂也会有意拿走我的针线逃开，我又假装抓不住她，然后她也开心得大笑，几乎跑不动了，那时我们很破旧的两居室就好像变大了，天堂都可以在我们的天花板下面找到地方了。我给他们讲故事的时候，两个小家伙都会挤到我的膝盖上，就为了离我讲故事的嘴巴和眼睛近一点，那时现实就真的是现实了。我们住的房子就真的是一个房子。一个晚上就真的是一个晚上。在那几分钟自己会放光的时间里，我和孩子们一起体验到的东西，就真是我们一起体验的东西。

虽然我不知道，我是否有过什么针线。

有一个早晨山妖就来了。一个政府部门的什么人给另一个政府部门的什么写了封信，其实为了保险起见就是同一个人。她根据一种误会做了一点点调查，以后就误会得更多，足够做出一个让人不安的结论，然后就写了个报告寄给她自己。第二天，根据法律程序，她就被自己的信搅得不安，决定要采取应付措施。所以他们就到家里来了，样子还都一样，像是一个模子做出来的。其中有个山妖穿着警察的制服，其他山妖穿的是便衣，其中一个穿紫灯芯绒的记性还特别好；五个下定了决心的五胞胎。他们带着文件，要表示这个讨厌的故事也是他们的故事，还要表示我能讲的我们一家三口的故事，我们的真正的现实，其实还不如一泡狗屎。民政局那群混账认为他们比我还了解我的孩子。他们知道他们多么饿，因为吃不饱所以长不大，脑子就只有了坏念头。在这帮混账自己的脑袋里，就有了一句加了下横线的重点句子在闪光，是他们从民政部学习班的教科书里抄来的：应切断社会传承关系。他们也知道我，知道我不是什么真的亲妈，尽管我装作亲妈，为了骗过愿意照顾到孩子的爱。要是他们用他们最能理解人的尺子来量，我就不够格。这回我别想靠耍嘴皮子就没事了，因为这帮民政局的家伙已经用蜡把耳朵都封上了。

就当我站在那里，睁大着眼又什么都看不见，因为眼睛里都只有泪水了，这时候那帮山妖就带着我的孩子消失不见。我跌跌撞撞地跟下楼梯，追赶这帮人，在这个不存在的世界已经不存在的人。等我赶到了楼下，还能看到是他们的汽车正好开走。这下我就只是一个尖叫了，不，要说尖叫还过分好听了——我只是一个他妈的嚎叫。

从那以后，我就到处找我被偷走的孩子。可山妖很狡猾，把他们藏起来了，还用树枝把所有的痕迹都给打扫干净了，所以那个痛苦的巫婆，也就是我，根本就没办法找到他们。我不知道我写了多少申诉信，写给不同的衙门，见了不同的当官的，可那些人看着我的拼写错误都会把头扭歪了。我对付不了大山上的语言。他们都带着同情的样子看穿了我，意思是说反正我必须理解必须接受，然后他们伸出手，穿过我的身体，就算跟你拜拜了。

我感觉到，我经过的每幢房子里都有我的孩子，我在我碰到的每个人脸上都读出东西，就要把他们知道的事情引诱出来。没错，我也读你的脸，琢磨你的呼吸，还有你的动作。

当然，我不算是世界上最好的妈妈，这很清楚。有的时候我也很糟糕。也做了些不该做的蠢事，也会撞一鼻子灰。不过我爱我的孩子，他们也爱我。他们在我这里从来没过什么坏日子。

我失去孩子以后，可能是没固定生活吧，这里那里的晃悠着，也因为我堕落到了底，下了地狱了，所以当然给了**天意**作弄我的把柄了，让我日子过得真是雪上加霜。有一段时间我被关起来了，虽然我一丁点儿都不知道我干了什么坏事。关完之后，我就要"重新安置"。就是那个时候，他们建议我去做幼儿园的保姆。一个人不配给自己的孩子当妈，还要去照顾别人的孩子。也就是那时候，我突然搞清楚了，什么"之家"或者所有那些"措施"都在想方设法要我搞明白什么。这个社会是精神分裂的。有一条裂缝横穿过它的脑袋。也许这就是为什么在一个瑞典旁边还有一个瑞典？

我的第一个冲动肯定是想把那个提出建议的人掐死。可我当然还是同意去做保姆。这是一个找到我孩子线索的机会。也许通过这个工作，我还能够唤起他们的信任感，我就可以收回我的孩子了。无论如何，我至少要弄到他们的户口登记表。

你信不信吧，我学会了电脑打字。不过也就是那个时候我得到了第二次的教训。那种户口登记其实就把老百姓给混杂起来。也许就是这样，你我就分不清了，你就可以得到我交的税，而我坐的牢其实本来是应该你坐的。没人搞得清楚这一大堆糊涂账，因为所有人都记不住原来是怎么回事情了。我们会发现，我们落在一个奇怪的地步，所有的线条轮廓都是双重的，都会滑开散开，又都会互相重叠，所以一会儿是我们太多人占了同一个工作，过一会儿我们又全都下岗了。虽然这些工作是需要我们的，我们还是没事干，所以就到处一片叫声。

不过，我得想想，要是电脑说的并不完全是梦话那会怎么样。也得想想，要是它们能看得很清楚，我们是怎么会互相在对方的生活里生活，互相用对方的声音说话，互相借对方的命，同时又互相否认。还可以想想，要是电脑一会儿能看到我们怎么会互相挤在一起躲在一起，成了一大堆该死的蛆，只能朝一条路想事情，可另一会儿它们又看到我们四散分开，就自己的脚都找不到了。再想想它们这些疯狂的电脑要是聪明透顶的话怎么样。要是它们能看到一些我们不敢看的事情会怎么样。

要是它们还能为我们决定一些我们不敢知道的事情，那会怎么样。

那么是在谁的生活里，我不巧落了进去呢？或者是谁住在我里面，而我又不知道呢？电脑应该可以告诉我吧。它当然知道，在谁的地方我就有了"之家"，又是谁中了彩而我在梦想，而且我自己也没买过什么彩票。我还是输入了我的个人号码而已。也就是那时候，我接受了我最后一个教训。打印机吐出来的几乎是一张空白的纸。当然上面有一两次付款记录。还有一些"措施"。但是没人。电脑抱歉地闪着光，像眨巴眼睛，不过还不得不坚持到底。

我不存在。实际上我早该知道。

可这个不存在的人，还不想罢休。我要靠我的嘴皮子往前走，要尝试不同的故事，可以把孩子们引出来。在我的一个故事里，他们是被关到地底下去了，混在那些树根中间，被土弄得灰头土脸又黑又脏，而且又冷又难过，甚至都不能说悄悄话，只能吃到蜈蚣和蚯蚓还有其他的块茎食物。后来，到了春天的时候，雨水浸到了地下，阳光也像铁锹一样把土翻松了，那时候他们就从地下钻出来了，还想用他们脏兮兮的手指把眼睛里的土也揉掉，可越揉就越糟糕，那时候他们就哭着要找我了。

而我能听见他们的声音。

可是一眨眼的功夫，山妖又来了，把他们藏到另一个新的地方去了。在我们生活的这种年代，没有人去管别人的事情。但是民政部的人有狗一样的鼻子，还总有疑心，他们能用这个鼻子把什么事都闻出来。那他们就会发一种慈悲心来干预，干预的地方还正好是让你最痛的地方。

没错，明摆的事情是我要找艾琳帮忙了。她不是当过我的临时老妈吗？不过，现在她退休了，没法找到了。我有一个她家的电话号码，可每次我打过去都是新的房客接电话了。而且没人听说过艾琳·克尔维尔这个名字。

纯粹是出于偶然，我后来在一个病人之家找到了她，你知道那种地方吧，叫做什么"康复疗养所"。我在那里得到个临时工的活。她躺在一个塞满了垃圾的房间里。我就大叫起来，"艾琳"，她就在那堆纸板箱和生锈的水桶后面朝我招手，好像她还能认出我来。

我就从垃圾堆上爬过去，还拥抱了她一下，还说了她

57

看上去如何健康等等的话。然后我就开始清扫，把纸板箱都拆开整平，把土豆皮收拾起来，把空酒瓶子也都搬走。可这里的脏乱看起来也没多少改变。我站在那里，要把垃圾铲出去的时候，护士就来阻止了我——"你疯啦？你一点事情都不懂吗？"说着还冲艾琳点了一下头。脸上的表情就好像我试图要把她的一个病人给掐死——"别再干这种蠢事！"她骂骂咧咧地就走了，脚下的塑料拖鞋还踩在脏水里噼噼啪啪地响。艾琳就对我做了一个表示抱歉的手势："你就原谅她们吧。也原谅我。"

难道是我搅乱了这个世界里的秩序吗？

等我陪艾琳坐了一会儿，我才开始明白了。她是活在"蔑视"里。那是她从小就那么活的，那时她就听自己烂醉的老爹诅咒过她了——"你不过是臭大粪，艾琳。"不论她到什么地方，是在学校的同学中间，还是离了婚以后，或者是上班的地方，还是和她自己的孩子在一起——她到哪里都不是人。她什么都对付过去了。不过，对她来说，她还只是臭大粪。

我坐在那里都呆住了。就好像她说的是我。

"那么孩子呢。"我试着问。

这时她就抓住了我的手，眼泪也哗哗从脸上往下流。

"你自己不也失去了你的孩子吗？你都不用说我也全

58

知道。一看你的样子我就看出来了。"

这下是我什么都不顾了，我就开始说个没完了。她给**天意**工作过那么多年，难道不能帮我找到孩子吗？

她微微笑了笑，是一种勉强着的笑。

"如今这年头，谁能找到谁啊？你的孩子至少是被带走了，还会想念你。如果他们还记得你，很可能还记得吧，也会到处找你。那么反过来你看看我的儿子吧，他们连狗屁都不管我。他们都不常到这里来找我。要来就因为他们欠了债付不了账单，要不然就是追债公司的人在找他们麻烦了。就好像我把他们给吓跑了。"

可她还是有地位的啊——还是受到这样的山一样堆起来的蔑视？她苦笑了，不过连笑都是磨损得不像样子了。难道我还没明白吗，你就是有一个不错的地位，但是你还是属于那另外一个瑞典？难道我还不知道，你可以活着在一个真正的世界里面，又好像你从来也没有被放进来？

"差不多就和我这里的情况一样。"她说着，还做个手势指了指房间里堆积的那些垃圾。

可怕的事情是艾琳说**蔑视**是对的。她不光让**蔑视**控制自己，她还同意**蔑视**这么做，没错，她甚至有意引人家**蔑视**她。简直就没法放得开。

这些我自己都似曾相识，包括艾琳对付它的方式。可你总得抵抗呀！我也这么说了。我一边摇晃她，一边为她**尖叫**——"你觉得这值得抵抗吗？"她一边这么说，一边沉到她的枕头里去了。不过，她又补充说，她为我感到高兴。高兴？对啊，高兴，因为我还敢抵抗。不过现在我得走开了。她已经到那种筋疲力尽万念俱灰的程度了。

我想拥抱她一下，可她摇头拒绝——"这样只会更糟糕。走你的吧，行行好！无论如何我还敢给你担保，你肯定还会见到你的孩子。不过，你不一定就会高兴。"

我站起来，在一大堆啤酒罐子、破烂的床垫和腐烂的橘子皮中间趟出一条路来往外走，可我什么都看不见了。我在门口碰到了那个护士，我就指着山一样的垃圾堆对她尖叫："这乱七八糟的，我们就不能做点什么吗？"她的回答短得很："我们**尊敬**她。她要这样。你显然不。你不会在这里养老的。"

现在我已经不知道艾琳到哪里去了，不过我还是听到她的声音。我一开始讲她的故事我就能听到。这个声音教会了我很重要的事情，是她从来没教会她自己的。抵抗，抵抗那个真的社会，那个把人扔出去的社会。而且抵抗你自己身上还同意被人家蔑视的东西。

不过她的词还是让我害怕。我和她一样相信，我和我的孩子们会互相找到的。不过我害怕，我们会看到什么。

我注意到了，你不很赞同这些说法。有什么错了吗？你以为我是自相矛盾吗？当然。一会儿我是这么说过，警察把老爹拉走，塞进汽车里，过一会儿我又一口咬定，在那个时候他们不得不放手，夹起尾巴逃走了。可这都是明明白白的啊。你指望我怎么说呢？

　　好比说吧，我说过，我靠嘴皮子就能熬过这个那个难关了。我还可以靠嘴皮子从这个牢房走出去呢，我靠我讲的故事还能走出整个这种让人堕落的汗水淋漓的生活。我知道，这个我做得到——这也就是我活得下去的方法。

　　不过我也知道其余的事情，知道得跟你一样多，也一样清楚。这个故事结束了，我就又回来了，回到牢房里来了，回到我自己的生活里来了。这铁门会用它带回声的铁的声音讲出另外一个不同的故事：你从来没出去过——没人靠嘴皮子能从这里出去。它用它的方法来尽力证明，它才是真的。不过我的确从这里出去过一会儿。有几分钟我还是**看**到了。在最初的那些忙忙碌碌的词和带铁味的喝多了酒以后的头痛之间，就是欢乐。

现在是你固执了，你要我承认到底做了什么事情。到底是什么事情把我弄到这里来，我就该竹筒倒豆子全都说出来吧。要是我自己不知道，那就靠我的嘴皮子讲故事讲出来也行。要是词真的能记住事，那就讲吧。

"到底"发生了什么事情？你显然没明白我刚才说了什么。没有一个故事是真的故事，没有一个故事可以跟梦游的人一样那么确切地走到前面去。等你睁大眼去看那些好像发生过的事情，它马上就破碎了，变成了几个不同的故事。哪个故事算数，那要看你站在什么地方。

当然如此啊，你也这么认为。不过，能还是不能靠嘴皮子就穿过这个牢房的门从这里走出去，这其实更多的是一个字面上你怎么处理事情的问题。从另一方面来说，不是有几个故事还互相矛盾吗？完全不同的故事，每个故事都要你认真当回事，不是吗？不对啊，你不买这个账。

我想，我得试试给你解释清楚。你就这么设想吧，是在一个晚上我们上了去芬兰的游轮。我们就权当那是个夏天吧。我跟爷爷去度一个小假。是他出钱请我去玩。自从我和我那个波斯王子分开以后，我还什么都没干呢。这个事情我以后再跟你说。

孩子我已经失去了。我无处可去，就那么闲荡着。也会无缘无故发火，坐在那里也会突然惊跳起来。

我们坐在船上的一个酒吧里，老马丁一直不停地说过去的生活是什么样子。他知道那些，因为他有一个自己的档案，整个瑞典的谁谁谁的事儿他都记在里面。有时候他说是瑞典，有时候他又说是历史——好像说的是哪个都没有关系。他说了，如果有人偷换了历史，我们简直就不知道我们住在哪个国家了。他从不离身的那个文件夹里面有很旧的剪报，还有涂写得一塌糊涂的纸。他自己已经和这个世纪一样老了，也就是说老得跟地狱一样了，所以他的历史也就成了很沉重的历史。顺便说起来，他也很自以为是。那就好像整个该死的工人运动都装进了他的身体。

可现在他已经把事情都搞混了。我刚还问过他，我老爹小的时候是什么样子。他费尽力气想去回忆，脸皱了起来就跟一个被人忘记了的干苹果。他把自己的文件夹前后翻弄了一遍。然后他说，你老爹只活了三岁。他很早就得了肺炎死了，或者是什么其他的病。他说这是对他自己和阿丝特丽的惩罚。那时候艾斯基尔到西班牙去了，还被打死了。这下我也明白，爷爷的脑子又钙化了。很快从他那个萎缩的脑袋里就只会跑出来啦啦啦的胡言乱语了，再没有别的东西了。他束手无策地看着我。所以我还是得告诉他："可我还是生下来了啊。那我老爹肯定得活得长一点吧，对不对？"

老马丁就开始认真地想。过了一会儿，他说那也可能是真的："肯定是有些事情又发生过又没发生过。什么事情可能都有好几条路走，同时走不同的路。不过，我怕的是你明白得太晚了。"

"那么，哪条路可以算数呢？"我问。他就愣愣地看着我，回答不上来。不过显然也弄得很苦恼。

我得呼吸点新鲜空气，才能把这些事消化掉。我就丢下爷爷自己走开了，把爷爷和他的啤酒还有他苦恼的念头都留在酒吧里。我到了外面的甲板上，那里风很大，人也不多。不过，就在凛冽的大风里，我突然碰到几个十六或十七岁的小流氓，他们抓住了一只海鸥。他们在这个海鸥的一只脚爪上系了根绳子，然后一会儿把鸟放开让它自己飞，一会儿又把它拉下来。最糟糕的是，每次那个海鸥觉得自己获得了自由，跟一个醉鬼一样扑闪着翅膀要飞走的时候，它的脚就又被拉长了，海鸥就又掉在甲板上。它从来也没吸取教训，爬起来继续飞，还高兴得头昏脑涨晕乎乎，等到绳子拉到尽头的时候，又一头栽下来。这只海鸥最后就满身是血，一只眼睛都掉出来了。我盯着这只鸟看了又看，觉得我在什么地方见过这只海鸥，我认识它。

那些还流鼻涕的小流氓真的跟冰一样冷，就在海鸥眼珠刚掉出来的时候他们还咧着嘴大笑，用手指着说："真酷啊，是不是？"他们还互相叫劲，说要把绳子再放长一点，还要更用劲往下拉。

我就像只猫一样偷偷溜到他们后面，然后猛地扑上去又抓又咬又踢，不过他们有五六个人，很容易就把我按倒在地上了。我挨了好几拳，肚子上还被他们狠踢了一脚，动也动不了了。感觉就只有嘴唇还张啊张的想说什么。可就是听不见我说什么。就在远远的地方，我还是能知道，那只海鸥在挣扎，翅膀在甲板上扑腾，还像一个小婴儿那样哀鸣。这些小流氓就让它这么受了一会儿折磨，直到他们自己也累了，就拥上去把它用脚踩死，踩成一片羽毛和血混起来的地毯，然后就没了声音。

你不信吧，不相信这个故事。这样的事情还是不应该让它发生的。没错，我说的太简单了。其实我说的就只是另一面。我得往后退几米，把这个故事再说一遍。直到你搞清楚为止。

我走出去了，走进了大风里，还是那些该死的小流氓在折磨同一个海鸥，他们让它觉得自己自由了几秒钟，然后又把它拉下来。我一看到了就要朝他们冲过去，这时他们的头就打开了，对付没什么防卫能力的人的时候，他们就是这么做的，所以我就可以读他们的脑子，读他们的舌头，读他们的下巴。我就都看见了，他们都已经吓得半死了，害怕的正是他们的手正在干的事情，吓得几乎都要哭出来了。吓得最厉害的就是那个往回拉绳子的小流氓，他满脸都是泪水了，一把泪水，一把鼻涕，混着流。他能从自己做的事情里就感觉到海鸥有多痛苦了，还有他自己也坐在臭屎里面出不来了，不管你在这个世界里怎么扑腾你的翅膀，都没什么用。你只会流更多泪水，流更多鼻涕。因为眼睛里有哭出的泪水，他就什么都看不见了，可他还不能让人看到他的泪水。他当然也没注意到，有人正在讲他的故事。

现在他又开始往回收绳子了，那个海鸥就着急地扑打翅膀，也知道自己快死到临头了。可就在他收进了整段的绳子，抓住了海鸥的脚，准备在船舷栏杆上把海鸥摔死的时候，他反而住了手，解开了海鸥脚上的绳子。然后他把海鸥掉在外面的一只眼睛小心地推回眼窝里去。那只眼睛就像从来也没有摔出来过。然后他叫了一声，就把海鸥放走了，海鸥绝望地扑腾着翅膀。他看着其他几个说：我现在是不是成了软心肠啊？可其他几个脸色苍白，慢慢地点着头，这个世界就又恢复了老样子。然后他们就各自散开了，这天就再也不想互相打交道了。那个抓住海鸥的小流氓走到远远的地方，一边走一边还用手掌打自己的头，打了又打，这么打就好像是在说："你疯了，你这杂种？你真的疯了吗？"

我回到爷爷身边，告诉他这个海鸥的故事，实际上也是两个故事。让我有点吃惊的是，爷爷立刻就明白了。他带着满脸皱纹的笑对我说："我们不是刚才还说起过这个故事来着？"

"你是说老爹三岁就死了那个故事吗？就好像有过他，又没有他。"

老马丁就点头说："我本来就没儿子。本来就没有他这个人。要是你后来有一个爹，那是你的事情。"

可**他**不还是我的爷爷吗？当然啦。

那么，折磨海鸥的小流氓呢？

是有啊，可爷爷觉得我有一点是没明白的。在一个故事里，那帮男孩子是在世界外头的，他们的失落是在他们骨子里的恶，他们的恶念头就是那里生出来的。在另一个故事里他们本质上还是善的，可是迷了路；他们只是有那么点长歪了，只需要支撑一下，能正一正就好了。无论如何，他们还属于一个我们能忍受的世界。这两个世界的不同，艾斯基尔和他争吵过很多次。

"那你怎么看呢？"我有气无力地问。

67

他不回答，只咬住自己的嘴唇。

然后我就把手放在他的文件夹上。"那么，在你这个总是随身带的夹子里的历史，是不是也有两个啊？是不是有一个历史在另一个历史的旁边？是不是有一个历史你没有讲？也没有一个人能忍受？那就是老爹和我活在里面的历史，对吧？那个历史里，人就不是他们应该的样子，对吧？也许都不让他们成为应该的样子。"

老马丁不说话。他也不听，也许都没力气听了。突然他就看上去特别老，特别疲倦的样子。关于那个历史本来是两个历史，他就更没什么可说的了。

可你还是不服气。一个历史还是两个历史，你不管这个，反正你就是要知道"发生"了什么事情，才会把我弄到这个牢房里来。

老天爷，我不是不记得了吗？

可我知道你是怎么想的，而且从你那个角度来看，你可能想得对。要是在我的故事里，真的有什么危险的火星子，有什么疯狂的东西，那么当然是他们把我的孩子偷走的那个时候。而且，找到那些山妖也不是难事。所有线索都是可以从民政部那里找到的。你的意思是说，没什么能挡住我冲进民政局的办公室里去大闹，找那个金头发油光光的老女人算账，也只有她那个东德下巴能知道。然后我就抓起了她桌上的剪刀，或者我自己包里带的什么锐利的东西。

不对啊，你好好想想吧。如果我站在那个女人面前，又没话可说，又痛苦又恼火，我又不认识她，对不对？这天当然又是一个新来的人，对不对？总是一个新来的人，虽然她们看起来都一样样的。眼睛不一样，手也不一样，不过无意识的动作都是一样的，还有同样的咬人动作，能找到我们的生活里的真相。我真的用刀子捅了她吗？要是这样的话，我可不是捅一个属于我同类的人，我捅的是语法呀。不过伤的还是一个人，而且有生命危险。

没错吧，很**可能**是跟你想的那样的。不过我自己都不认识我自己了。一定还有另外一个完全不同说法的故事。要是我有一天还能把儿子们给弄回来，那我就一定得找到那个不同的故事。

我有那么一种感觉，你其实知道的已经够多了，比你现在要问的还多得多。你也知道有些事情，是不"适宜"我知道的。

<hr />

译注：

马丁（Martin）为本长篇系列卷四《忠诚》的男主角，原型为瑞典一老工人。

你现在真得放明白点了。你隐瞒了重要的事情——你反而觉得**我**在玩什么把戏。不是嘛，一看你的样子就很清楚啊。你很恼火，意思是说我在撒谎。你以为你在我的声音里听出了什么东西，告诉你我对你不诚实。

你现在就别犯傻吧。我非常清楚，对自己的辩护律师是不可以撒谎的。那就等于你自己下地狱了。你可以编个故事骗骗警察。你也可以在法庭上假装哭哭啼啼，特别是法官要是个老男人就更好。不过你的辩护律师得知道。你能弄出多少不同的故事就弄出多少来。要不然你就会在什么地方摔倒了，然后在那个地方让吊钩就穿过你的脚跟，被倒吊了起来。

不过你得了一分。你只是还不知道这一分是夹在什么地方。

要不要我告诉你，人就得撒一点儿小谎，才能搞明白事情到底是怎么回事？如今连点狗屁都没人记得了，而且这个世界闪闪烁烁飘飘忽忽，已经碎成了在我们周围滑动的碎片，我们已经没法把握了。反正你不能直接把握。这就好像你把手伸到回旋的雪里，要想法抓住风雪，徒劳。不过要是你撒点谎——还得撒得合适——那就可以看到刚才还不肯显示出来的事情呢。你甚至可以靠撒谎撒出一个瑞典来，那样的话，谁可以看穿这个瑞典，谁就能从那些闪烁的东西里看到房子和道路，还有人的面孔。实际上，在这个还不确定的叫做瑞典的地方，你甚至还可以往里面摸索一会儿。

　　只有一个确实撒得好的谎，才可以让人的生存状态变得清楚，变得可以让人理解。这种撒得好的谎会悄悄爬进那个起先只是自称真实的世界里面，在那里跟它斗，抵制它反对它，那么这个世界现在突然倒变得真实了，而且是出人意料的，也是他妈的本来不应该这样的。不管怎么说吧，只要你还有时间，你还赶得及撒谎就行。

　　这样的事情，你可以和站在他们一边的那些有道德的人讨论很久，可没机会说服他们。他们看事情用的眼睛，是用那种据说是人就应该用的眼睛。也是那个时候就应该有的眼睛。

你现在可别误解我。也有我受不了的谎。就是平常的那种狗屁谎话，人撒这种谎也就是为了混好一点。我曾经碰见过一个专撒这种谎的行家。而且我还相信了他。也是愿意相信他吧。

要想让你明白这些，也许我就从这里开始讲起。我就从这个偷偷摸摸吹吹拍拍胡编乱造的谎话讲起，和这种谎话你是可以一起生活几十年的。而且还不那个。我不是答应过你吗，我要跟你讲讲我的波斯王子。

我们第一次见面是在中央火车站，那时他当然看上去根本不像是王子。他只穿了牛仔裤和 T 恤衫。他的行李里大概也只装了四到五个瑞典语的词，不过是个眼神特别好的鬼灵精，能用眼睛跟你说事。不到半小时，我就成了对他服服帖帖的软糖了——我马上就认出来，他就是《一千零一夜》里的那个黝黑的王子啊。你一定还记得里面那个两兄弟的故事吧。那个光明正大的哥哥可以帮助盲人走过街道，还祈祷上天让正义降临，能给人们希望，可是上天送下来什么的时候，给他带来就只有悲惨了。那个黝黑的弟弟干了很多蠢事，就跟集市上小贩一样会撒谎，特别害怕黑夜，怕到了黑夜，老天把星星都掉到他膝盖上了，可是到最后，他倒被人当作了灾难时的大救星。我特别喜欢这个故事，可就跟故事里的公主一样，难以决定自己应该

72

嫁给两兄弟里的哪个人。

我还真问过他呢，有没有带了个兄弟一起来？"有带啊，不过那是个啰里啰嗦无聊透顶的杂种，还总会打岔。我们就别管他了吧。"所有这些话，他都是用手说的。

我也不是唯一的被阿里的魅力融化的女人。

政治庇护他马上就得到了；他讲的自己的故事正好就是整个移民局建立起来所需要的那种故事。在斯德哥尔摩奥兰达国际机场，他一拿出他精心选择出来的故事，警察就已经欢呼起来了。他和他哥哥曾经参加过那里无穷无尽的战争中的某一场战争。不过实际上他们是和平主义者，在双方的前线之间爬来爬去努力谈出一点和平。最后他们必须逃走，免得被人当作叛徒打死。

不久以后又有另一个故事冒出来了。阿里因为在双方的前线之间来来往往，还卖了不少毒品，先在自己人这边卖，又到敌人那边去卖，所以钱包状况大大改善，赚了不少钱。他哥哥就追着他，跟他没完没了地唠叨《古兰经》教他们要做的事，还有他的社会责任。有个晚上他们在灌木丛和炮弹坑之间的黑乎乎的地带迷了路，结果发现自己到了敌人的后方去了。这不是他的本意，可阿里因为这样就成了逃兵，也只能诅咒自己运气太差了。而且他还拖着自己的哥哥。不过他自己也获得了一个新的开始。也就是

73

说有人把他这个有好良心的人放进了全世界最好的国家，不过，在经过了很多犹豫不决的考虑之后，因为**这个人没**有聪明到及时申请政治庇护，他们不得不花几年时间来对他进行调查。

然后又开始了新的一章，都是编造出来的对阿里有利的假话，还有来自他哥哥的持续不断的劝告。那个神秘的名叫霍木兹的人从来没让我见过面。阿里做生意真是一把好手。他可以在大白天正午就把月光都卖掉了，买主还会觉得自己做了一生最合算的大买卖。他肯定还想过要在这里盖什么房子，和他过去的老房子要一个样子的。可他从空气里就能感觉到，那样他可能要倒大霉了。要是有什么事让我特别恼火，也就是那个废物了。我已经看到得够多了，看到我们在外面这个世界的人怎么帮助里面那个世界的人，让他们能够保持一个外面，可以把人推进去。

不过，对于他来说，只是往边上跨一步而已，突然就能发现自己进入了一个妙不可言的生意。他就投资到草药方面去了，有了和过去一样容易欺骗和好依赖人的买主，不过生意规模是完全不一样的。东方的治疗艺术。好啊，可药盒子上的每个字都是谎话。可盈利呢，不管怎么说是朝他滚滚流啊。我没看见吗？他只要把手这么动一动，钱

74

就敢靠得越来越近。就好像是催眠术。

那时每天都好像是在煮一锅谎话汤。不过，总算过了不错的，不缺钱花的几年。要过好久，要等到现在，这些谎话才发臭了。

只有一件事特别让人恼火。阿里从来也不能露出一点生活的气息。绝对不会去探望老家那边的亲友。这两兄弟名义上都算是战死沙场了——他们的名字甚至刻在了什么纪念碑上。要是他们又冒了出来，他们的家属就没有烈士抚恤金了。

那个哥哥呢，他在哪里生活？他就在外头什么地方混着吧。一个普通的正在被调查的移民。一个不好的良心，你最好不要见他。有时候我远远地看到过他，他会来找阿里，又是威胁又是大声抱怨。有一天我听见楼梯里有人大声吵闹，有个和阿里长得很像的人站在那里，不过眼神很忧伤，气质也比较文弱。他忍住了本来在说的那些粗话，伸出手来摸我的脸颊——然后就转身跑下楼去了。

"蠢猪！"阿里这么说，那是他学会的一个瑞典语词。

让我感到恶心的事情，是阿里就在吹牛撒谎中间还要装蒜，好像他是正确的。他搞的那一套生意，偷用的是圣灵派教堂的门面。我对付不了这种事情。不是这种谎话，为的是把自己生活里不合适的脏东西打扫干净，这样就可以进别人的眼睛。到了我忍无可忍的时候，可肚子里已经有了小不点。不过，总有一天我要离开他，要让孩子们跟我走，这是明明白白的。

我跟那个错误的王子已经生活了那么久，自然也能看出哪个是正确的王子。而且我也知道了，**那个**在外头过的是什么日子。他是生活在另一个瑞典，和很多很多同样的人生活在一起。他生活在那个不成国家的国家，他也从来不能进这个成了国家的国家。可他不管怎么说，还是正确的王子。

那我呢？我的撒谎王子正在努力把自己弄进那个瑞典的里面。可我没跟着。就在我们的家庭中间，在这个桌子和**那个桌子**之间，就有了一条裂缝。

他呢，恰好相反，在那个瑞典里面如鱼得水，很有人缘呢。事实上，人们争先恐后要往他做得越来越大的什么运动里面投钱，把大部分的钱都投进去了。他也许愿说，他也要回报历史上从来没有过的分红。他用邮购订单的方式弄到了什么博士头衔，也给他带来了人们的信赖。在电视上他很快也成了最受欢迎的人物。从来没点儿真话。他说的瑞典语又难懂——都是毫不连贯的词，不是往左就是往右散掉——可电视台有个专家，或者是两个，能给观众解释他说的是什么意思。那么做，也就成了这天的节目的经济智慧。

不过，就是狗屎的谎话，偶尔也能说出点它本来不打算披露的事情。整个故事也能说明不少问题，说明我们生活在什么地方；在这种地方，你拥抱欺骗你的人，倒把不能收买的良心给推开了。不过这方面我以后再详细说吧。

因为现在要说的是一个含金量更高的谎话。我曾经告诉过你吧，我认为人可以用更体面一点的办法来撒谎，那么现实就像挨了鞭子一样会慢慢往前爬出来。我认为一个聪明一点的谎话，可以强迫那些本来不肯自愿暴露出来的东西暴露出来。

这个想法，我曾经在一个真正的作家身上试过。真的，现在还有那样的作家，很会写，会找到很多读者。不过鬼才知道这里面实际上是怎么回事情。没人可以这么连续不停写几个星期吧。也没什么人还印书了，对不对？

她本名叫露易丝，不过大家都叫她露。她有一段时间是和艾琳的儿子埃利克结婚的，可后来又离开了他，上帝保证，她做得实在太对了。我知道一点他们的事，因为有好多年我帮她打扫卫生。事实上，也是我帮助她重新找到了她自己的孩子——还成了其中一个孩子的教母什么的，尽管我们年龄其实差不多了。她的地址就是我写在手腕子上的两个地址里的一个。

露早就偷偷地开始写东西了。我想，这件事连最近几年和她同居的那个年轻银行家都不知道。要不然就是他根本不感兴趣，这个臭大粪。说起来有点怪怪的，她本来当过很多年老师，或者说是经济学家，都过了五十岁了，还能成为作家。她写过一本书，我想是叫《缝纫社》吧，甚至还上了电视，书里写的那些缝纫女工，在瑞典家喻户晓成了每个瑞典家庭里的姐妹和阿姨。她们的生活都变得比你自己的狗屎生活还更重要了，你甚至都敢在上班中间休息喝茶的时候跟不熟悉的工友谈论她们，你干的也是如今你自己不熟悉的那种工作。

我在上班中间喝水休息的时候也会讲点故事，露非常喜欢听我讲，还问我是不是能借用我的几个故事。不过我从来不敢对她这个专家说，我对讲故事到底是怎么看的。

不过有一天我终于也鼓起勇气了。那天晚上我是去听她的朗诵。那里大多数是女人，大多数都是还没听就已经在眼窝里准备好眼泪水了。露讲的故事也正是关于她们的生活，而且那么真实，所以确实让人感动得胸口热。这是一个接一个女人的让你揪心的命运故事。而且每个故事都能正中靶心。在她给我们讲的所有事情里，丁是丁，卯是卯，椅子就站在椅子中间，人就正好跨在自己的步子里。没有什么东西从发生的事情里滑出去，哪怕只是滑出了可恶的几厘米。而且她说的所有的事，都正好是舆论中心。她真的是完全站就在瑞典里面了。全都是真实的，都是要命的真实。而且正好还是你听了还受得了的。

露做得确实很成功，还不用一点点讨巧，不用投合人家的意思。相反，她有一种一丝不苟的**人格**——那是一个属于我的**词**，我特别喜欢的词之一。不过露是有运气的。人格正好是对的，正好在这几个星期里是对的。

所有这些都让我感到有点不舒服。事后呢，不管怎么说吧，我还是会走到她那里去，为了……她会非常温柔地看着我，就跟羊毛一样温柔。她的所有敏感都显露在她的磨得很薄的脸上，还有那些青筋裸露的手上了。就好像有一群群的小鸟在她的皮肤下面不安地转来转去。同时呢，她的样子里又有一种冷淡，看起来皱巴巴的。也好像她在说话和笑的时候，又拿着这个缝纫社里的大头钉撑在她的嘴唇中间。

我真的很担心，我说所有这些事情我实在跟不上趟，所有这些事都是真的，真的，真的。你总得也撒撒谎，才能达到你的目的吧。你总得加点什么，歪曲点什么，那你才能让所有这些逃避开的东西也吃一惊吧。你总得从一个错误的方向过来，没错，就从那个被禁止的方向过来，才能在瑞典的裤子脱下来的时候抓住她。

然后露就笑了，是那种塞尔玛·拉格洛夫式微笑里的一种微笑。也把那个大头钉掉了下来。她给了我一个姐妹般的拥抱——"亲爱的丽桑，现在你又是通过你的仇恨在说话了。你必须知道，文学就是关于现实的呀。"

那她说的也太对了，我的眼睛就模糊起来了，在她和其他人混在一起的时候，在递给她签名的书上写上露的时候，我就看不见了。不过我不说话，很固执地坚持自己的看法。一个故事不是什么"关于"这个或者那个的。它是会埋伏起来的，然后给你突然袭击，它会撒谎骗你，所以才能让你突然看得见。看到那个你过去只是以为你看到了地方。那么，你自己都不知道是怎么回事，你就突然站在欢乐里了。再说了，"现实"是什么？就好像那只是一个举起个小照相机的事情，因为那个"现实"会带有一个照相记忆，当你按动快门的时候就乖乖地固定到胶卷上去。什么呀！

我曾经想过，求她把她的声音借给我。就是她的笔，我应该说的其实是她的笔。就为了能讲出所有这些事，这些在失忆的年代你必须说说的那些人的事情。

现在我可不知道了。我不知道她撒谎是不是撒够了。

对啊，我们还是回到这个牢房来吧。要是你还是坚持让我讲讲那个"其实"到底是怎么回事，那你真的还什么都不明白呢。

---

译注：

　塞尔玛·拉格洛夫（Selma Lagerlöf，1858—1940）为瑞典女作家，1909 年获得诺贝尔文学奖，1914 年入选为瑞典学院院士，为该院第一位女院士。

我看出来了，你真不耐烦了。不是吗，你那么紧张，都坐不安分了：是不是到时候了，该我讲讲我和那些有组织的犯罪团伙的联系了？这些词都是你用的。"联系"？"有组织的"？你自己都听出来了吧，这些词听起来多别扭。这么说早就没什么用了。语言就只能记得住在我们周围已经不再存在的事情。

你当然在想我告诉你的那个波斯王子的事情。你以为你在那里找到什么了。这么说，我不管怎么样还是被牵连进来了。不过，你还是把事情全都搞错了。

当然没错。阿里继续在做吹牛的生意。他甚至还挂上了高速挡了。这一大升级带来的是什么大崩盘，据说是在东面发生的什么事。他的耳朵是包打听，世界上发生的任何事情他都不放过，所以他在东边一个国家买了一批破旧

82

的房子，我想那个国家叫东德吧，是在那里的整个系统都破产之前一个星期吧。然后他就成了一个国际级的报废品收购商。报废品，那当然就是指贵重的金属啰，是来自东边的那种少见的金属，最好是还必须用铅保护盒保存起来的那种。不过最最好的是他开始从那些贪婪的俄罗斯军官手里购买坦克和鱼雷艇——也是当作报废品买的——然后转手全都倒卖给世界上其他不同的很不稳定的地方，就是那种被周围嗜血的邻国威胁的国家，而大国还禁止对他们销售武器的国家。这生意做得热火朝天，很辉煌，他得到的名声都是来自对得不能再对的地方。对我来说，这简直不可思议，他怎么能在这种没人能把事情整明白的年代还干得成这么大的买卖。他肯定不止有第六感觉，还有第七感觉吧。

有时候阿里也会栽跟斗，这是明摆的事情。道德的风向肯定会变的，突然间经济犯罪就成了打击目标了，就是指那种抄小路就赚了大把银子的那种罪犯吧。有段时间，阿里还被迫坐在牢房里遥控他发酵的生意。要把那里当办公室，有电脑和秘书，还要开宴会，当然不那么方便了，可没想到结果还行。帮了大忙的当然是他在监狱管理部门的股份里是大股东。

不过，他还是有了污点，这是必须擦掉的。靠他的本能，他可以很快就找到正确的解决办法。他把报纸给请来了，主编啦记者啦摄影师啦等等全齐了，他要做一个彻底的坦白交代。他那张照片，手握着牢房铁栅栏，眼光绝望地看着那个他已经进入的瑞典，用作报纸头版真是太完美不过了。他讲了他记得的不干净的事情，不多也不少，呼吁那个不安的良心宽恕他，那个不安的良心本来就总是渴望看到别人的良心负担——这家报纸敞开胸怀拥抱了他：他不过是我们这些可怜的罪人中间的一个啊，可他还敢站出来，对着我们所有上帝的教民作证。哈利路亚。

后来就有了伙伴银行赶紧来为他提供帮助，愿意帮他付掉所有欠税务局的债务，条件是他必须从这家银行借五亿克朗的贷款。这些钱他就很聪明地存到国外的银行里，省得让人看见刺痛了眼睛。我想，这正好是瑞典这个大气球的气突然瘪掉的前几天。

那时候我就已经很明白，这个国家的精神分裂症是多么厉害了。就是在这个地方，你得到一个世界应该怎么样的图像，然后你就像蚂蚁一样辛苦干活，却是朝完全另一个方向。就是在这个地方，你想要人人平等，甚至都不可以再攀比了——然后你把不合同样尺寸的人就赶出去。就是在这个地方，你教育孩子想事情要有批评性，要对什么都提出疑问——要在那个和所有其他人想法不同的人身上搜查到松动的螺丝。就是在这个地方，社会非要坚持由它来完全照顾你，喂你吃饭，给你擦鼻涕，还给你洗尿布——过一会儿又把你扔到大街上去，因为你有一两次付房租晚了一点。也就只有在这个地方，有人会把亿万财富投在一个骗子身上。

阿里没准也明白了这个，不过他觉得，从那个正确的瑞典来的看法和想法就像水一样灌满了他，让人就止不住地渴望着进入这个疯了的社会。他既要骗这个社会，又想同时得到这个社会的赞赏。既要来得太快的大钱还会继续流进他腰包来，又希望钱那么干净那么新那么亮，甚至到了他在镜子里照自己身边都没了影子的地步了。他还找了可以暗中帮忙的人，帮他纠正拼写和发音的错误。他穿的西服都很贵，可又是足够不合身的；他买的汽车很有气派又不太贵，让大家对他的看法都好像是高级裁缝剪裁完美的衣服正合适，那种看法不会让人注意到但你可以立即认出来。他赞助了这样那样的事情，在里面也都插一手，不过又不会插得太深，那样就会有人把这看成对大家的事情不够同心同德。他时时刻刻都准备支持某些模糊的事业，也是眼下看来正好对头的事业。

开始是把那些有臭味的钱洗干净，结果是你把自己的命换成了**另一条命**。按规矩说来，这些是再也行不通的。但他是一个例外。

有很长时间，我真相信过他，以为他到另外这个国家来是为了我，他会留在这里。就是那个时候我才生下了大黄蜂和小不点。我幻想过，他愿意和我一起生活，会尽力把不可能的事情也做得最好。慢慢地我才醒悟过来了。在这个外边的国家的生活，对他不过是一种成绩，可以让他在那个真正的国家得到提拔重用，就像浪子回头，一个丢失了孩子又回到了家，那是你可以为了他回家把小肥牛都宰掉的儿子，还可以把眼睛都分给他。他生下来就是正确的，长大了也成了正确的，就算他曾经在打仗的时候两边爬来爬去腰里还裹着一皮带要卖的毒品，那时候他都是正确的。那时候他就拒绝去看看自己在干什么好事。就是站大粪堆中间他都是那应该成为的人。在我们这里，越是你不懂的地方，你越是愿意往里投资。大家都赶紧去买他空气一样的将来的股票，把信任都硬要塞给他。他就是那种大家都想对他多多行善的人，因为已经对他行善行得太多太多了。是一种颠倒过来的欺负人。

那他哥哥后来怎么样了呢？你想问这个吧。兄弟里另外这个呆头呆脑对人真好，是个能为你两肋插刀的主，要是有人来抓你，他肯跟你换外衣让你逃走。他好到了你可以把他当作家里最勤快的儿子，你明白吧，就是那个为了肥牛肉唉声叹气的那个大儿子，可心里明白那牛不是因为

86

他杀的。我想，要是你在街上碰到他，你也会视而不见。就算你和他撞个正着，你都可能没注意到他。他对阿里肯定是常常担心的，不过也没有比良心还更要紧的事情。我自己有时候也会碰到他。没错啊，你就设想一条城里的街道好了，那里有很多人来来往往，可有点模糊，因为这个人群已经从**那个人群**里滑出来了一点，这个汽车流也从**那个汽车流**里滑出来了一点。有一辆到了外面的汽车，一辆生了锈的大众吧，就停了下来，从车里就跳下一个那种算在外面的人，还向前伸出手来；那就是他，那个……

……那个正确的王子，我补充说。

他就很伤心地笑了。

他现在过得怎么样啊？

不怎么样。他又失业了，这回问题严重了。

可他之前不已经是一个几乎拿了执照的建筑师吗，我的意思是说，就是那次战争之前？

没错啊，可在我们这里这对他有什么用呢？要他重新给那些房子画图吗？可他连在那些房子里做做清洁工都不可以呀？

我真的难看到他。他看起来也难看到我。不过，我们是属于一个国家的。

我们在那里站了很久，互相盯住对方的眼睛。所有的事情突然都对了。不过又太晚了。

他问我，是不是想离开阿里？

也许吧。他自己不想吗？

那不成啊。这我早知道啦。

他们给他的现实太少了，所以他只能继续下去。要是你努力把眼睛的位置调好，也许你就能看到他了。也许你还能读出他的想法。那他不是跟我们其他人一样，也是很地道瑞典人吗？他不是和瑞典还剩下不多的最后几个北方佬一样诚实吗？就是那些站在北欧民俗博物馆里还穿着粗布衣服的蜡人。他不就是助人为乐本身吗？是那种你搬家的时候就来帮忙的人——帮你搬那些宜家公司的书架，还能帮你洗刷干净你的罪——甚至都不用你开口请他帮忙。他不也是一个热心的修理工吗？那么渴望帮你把你身上松掉的螺丝都给拧紧，还换掉那些磨损的螺丝，改善你的整个构造，反正他已经动手了呀。可他不是同时又那么无可奈何地要做成瑞典人的样子？所以就会刺痛人，因为他没经验，而且没来由地那么绝望悲观，还痛感自己的不足。他总有种担心，怕突然有什么想法或者感觉，可其他人都会觉得很臭——可他自己不知道，不知道别人觉得臭，不知道这种想法和感觉从来通不过这里已经有的规则，不是这样吗？他不是足够算个瑞典人了吗？

不是吧，可能还有些人会说，他不能算是"我们"中间的一个，而是"他们"中间的一个。没有必要的话不应该放进来。

不过，要是大家都没记性了，每个早上都要去找个新工作，为什么外边的人就不能在民政局长或者公司总裁的办公椅上坐下来呢？你忘记了那套语法啦。那语法是不会把我们这种人放进来的。我们也不会死皮赖脸非要他们让我们进去。

你会问，人真的就得关心这种事吗？我能不能再讲五分钟，不要让所有那些可怜虫来打断我？你显然不明白这里的事。这不涉及什么意图。要是没有声音掺和进来，我就什么故事都说不出来了。

我想，关心这种事情的人，前几年多得多了。不过现在他们肯定都去学神学去了。

对了，我在自己的生活里也定了个位置。我说得还不够清楚吗？我离开那个男人。而且带着孩子。

不过有一件事情是我讲不清楚的。就是在我后来失去了孩子们的那几分钟里到底发生了什么事情。我确实有一种感觉，我算不上天底下最好的老妈，所以我也要尽力给你讲讲，那么还可以对得上这种感觉。

我完全能看得出来，你不太愿意吃这一套故事。我把民政局扯到这件事情里来的时候，你咧着嘴笑，一副厌恶的样子。我把那个穿灯芯绒衣服的女人叫做山妖的时候，你扭来扭去的。我就不可以朝那种路子上去想。你觉得我反正还是得努把力，像"我们所有人一样"去看。

这下你可算嗅出更有味道的解释了。在我离开我的假王子的时候，他绝对不会同意让我把孩子带走。这是明摆的啦，你在这点上还是有点道理的——这故事肯定还有另外一种说法。孩子不管怎么说是他将来的生活，那个生活是不能再有一点点臭味的。此外，在他看来，孩子是属于当爹的人的。干脆地说，这是他对老家的亲戚有义务交代的事情，所以要把孩子偷回去。他自然有的是找到我们的门路，不管我们藏到哪里都没用。要是他把这个光荣的任务交给那些会像狗一样叫唤还流口水的爪牙，叫他们去嗅出我们住的地方，这些爪牙都会毫不犹豫，是什么都能干得出来的。

在你还能忍受的那个故事里，还有一辆黑色的汽车，不过现在车窗都是黑色的了。还有一只小手从那个摇下来的车窗口朝我伸出来。还有另外一个孩子在叫喊，这声叫喊那么尖利，甚至没人能听得见了。他们想把她拉到汽车里去的时候，她死抱住路边的一根柱子不放。这回不同的是，来拖人的不是警察，而是两个穿一身意大利黑色西装的彪形大汉。你当然一看就知道了，这种情况下我会在什么地方。像我这

90

样一只猫，肯定扑上去用爪子抓他们了，或者用手边能抓到的随便什么锐利的东西去攻击他们了。要是你把什么人的眼睛挖出来了，当然你就会关到这个牢门的里面来了。

可你忘记了，我很早以前就失去孩子了。而我这次不顾一切干的事情，还是近来发生的事呢。

对对对，我完全明白。我这么讲，就好像时间是按顺序来的。不过我也知道，很多年前发生的事情，也可能就是昨天发生的事情。

让我多少有点不确定的，还是那个故事。它不同意我说，一个已经被他们接受的阿里，还会使用这种黑手党的手段。你也不愿意相信，一个得到那么多人信赖的人会干出这种事。这个故事也知道另外一个人的事，他可能觉得家族的荣耀在拉他那么做。在那个故事里还有一个是好兄弟，是他带来了不幸。这是一个你不需要看到的兄弟，因为他住在一个错误的国家。我不知道。不过我看的出来，你更愿意买下的是那个说法的故事。

---

译注：

有关两兄弟中弟弟浪子回头而父亲杀肥牛庆贺的故事可参考《圣经·路加福音》第十五章。

91

你知道吗，为了让孩子自由，我打官司都打到最高的地方去了？不知道啊，这是你不愿意听到的吧。那你就更不知道，我曾经控制了瑞典几个小时呢。我就坐在权力城堡的里面，我的词第一次也是唯一的一次，成了法律。这是一种游戏，在这种游戏里，运气是拿你做代价来玩的。不过，就在那个没有名字的游戏里，在其中最深最深的地方，我还是碰到一个像样的人。

不知道怎么回事，有个大臣还缠上我了。肯定是在什么地方玩得太晚，也可能多喝了点威士忌。那张桌子上的报纸上又有照片又有文章，会告诉你这个枕在自己肥胖的胳膊上就睡着了的人可不是一般的嫖客。在那篇文章的字里行间还说，我这会儿正有天大的责任。

更多的事我不知道。我眼前真能看到的是首相府的大门。那个胜利当时太吓人了，已经不光是一种记忆了：这里有我的机会！

当时我们还坐在入口前面的出租车里。坐在我身边的这个男人醉得一塌糊涂，都没法跟他说话了。他含含糊糊嘟噜什么，让人听不明白，不过口气显然很有权威性，时不时在他认为有人跟他顶嘴的时候，就会发脾气。最后他总算是忍住了怒火，像一个孩子一样瞪着我问："我是谁？"

我就把报纸给他看。他就又发火了，头痛成了这个样子怎么还能看报纸。我只好给他简单介绍。那时他就瞪大了眼睛看报纸上他的照片：简直混账！他甩开了我的胳膊就自己下车去了，两腿弯得站不住，有点晃晃悠悠的。然后他又举起两只胳膊，就像准备好拔出左轮手枪要射击，然后对我点头要我跟他走："来吧，宝贝！"

肯定是花了我整整一上午时间才让他到这种地步吧。尽管这样，所有的事情也都不对头，有一根鞋带依然还没系好。我跪下来，想要给他系好，他把脚躲开了。然后他又跟稀泥一样瘫下来，我就得去帮他，让他的胳膊搂住我的脖子，好不容易走到警卫的玻璃窗前。我不得不花费好一会儿工夫对警卫讲清楚是怎么回事，而这个时候这个权威人士已经额头顶在窗玻璃上睡着了。警卫把他在窗玻璃上压扁的脸和他们手里的照片对了对，非常不情愿地承认这个人不管怎么说还是临时的首相。至少今天还是。而我呢，他们倒立刻承认我就是首相的秘书，样子不像就用我的黑眼镜做了补充，那就是我的样子了。

就这样，我们最后坐进了肯定是最高权力的房间。临时首相先对我做了个疲倦的手势："既然你把我拖到这里来了，那你就他妈的把剩下的事情也处理了吧。看起来你反正大体上知道我要做什么……不是吗，你……"

然后他坐在椅子上就睡着了，还立刻打起呼噜米，鼾声如雷。

"大体上？"对啊，那张报纸上有一篇对他的采访，讲了他大体上要做的事情：要加速竞争，创造一个更公平的社会，立法禁止失业，给我们提供生物能源和更干净的空气等等，再就是要教教这个世界怎么识相一点。至于具体怎么能做到这些他不能说，因为对很多问题还在调查研究中，该死的是这样的工作会花很长时间，还有经过民主的程序决定等等等等。也许没多少可以继续讲下去。我得抓住的是他最后说的断断续续的话"……不是吗，你……"

对，真实情况就是这样的。

我就召集了一大批高级的和低级的官员，还有国务秘书和专家等等——所有的人看起来都是临时代理，或者是临时代理的临时代理——我给他们安排这项工作。他们都吊起眼睛来，为了能看到我。然后他们就带着害怕得要死的样子，看看我又看看临时首相，看来看去。他就醒过来了，威风地挥手说："是绿灯啦，通过通过。"他们好像还不是特别平静，不过也就认了，互相意味深长地眨眨眼睛，然后临时首相就在睡梦中又大吼了一声。

现在我就可以安排下午的活动了，而这些内阁大员的眼睛和耳朵就要帮我去看，帮我去听了。经过了一番讨论我就明白，我的任务就是要"解释清楚航向"，而他们的任务就是"为决策打好基础"，还有"将政治意愿付诸实施"。可见他的鬼，我根本不知道船在什么位置，到底还能不能开，就算是能开，又开到哪里去，也不知道所有这些是怎么回事。而且我很明白，就眼下这种情况来看，也不是问的时候。

所以，我没问，反而试着让他们看到社会的分裂症。我给他们讲的时候，有那么一会儿他们看起来得到了一点启发。我扯出了几件事情，几件特别能刺痛人的事情，也是在另外那个瑞典有锋利的刀尖的事情，不过在这个真正的瑞典甚至没人会明白的事情。起码可以把孩子从一个单身母亲身边带走，虽然这个母亲为了孩子什么都可以做，然后呢，又分配给她一个工作，让她去当……

我哭起来了，所以都说不下去了。这时候就有一个年纪很老的下级官员坐到我旁边，还把手放到我的胳膊上。他真的很想跟我一样有强烈的感觉。从我这方面来看，这肯定是非常不容易的。在某种程度上说，从他那方面看也是一样的。不过。要是现实会有两种样子，两副面孔，就现在这会儿来说，也不是他们的事情。在这个大楼里，真的是人人都出于好意啊。只不过是朝一个方向说出来的好词好话，可能不巧就倒钩到另一个方向去了。

看起来他没有看到裂缝。另外，他也无能为力，不能做什么。这当然也不是他的错。我从他的脸上就看出来，权力不在这里，在另外的什么地方。

不过，我也能看到更多的事情，一些能让我冷得打哆嗦的事情。那就好像是在他的眼睛里有一个什么——是不是叫"银幕"？——一层薄膜，有很多斜纹和点。他的眼睛就是那么做成的，就用来看他们能看的东西。他的耳朵肯定也是那样，都经过了调整，用来听他们在这里能听的东西。就那样的话，他其实也是从今天早上开始才能到这个地方来——要是他没有什么特别的事情要记住的话，就可以来。看起来好像权力真厉害，见了鬼那么快就可以把它需要的人的模样给做好了。

他自己当然还以为他什么都能听见，什么都能看见，没一点障碍。他是为了分派给他任务的人去听，去看。也不管是谁给他分配任务。

这时候克利夫就进来了。奇怪的是，我马上就认出他来了。这才是真正的首相啊。他比我过去想的还矮得多。自然应该是这样吧。我过去看到他，是通过一个画面，是电视装到人脑子的那些画面里的一个画面。摄影机是从下面往上斜拍的，而他站在一个椅子上发表演说，人就显得高了，有时候他还踮起脚尖来，就好像他要去够着那些更高的正确的看法。我也想起来了，他这个人是很和善的，很会关心人的，不是那种刻毒的瞧不起人的当权派，那种人能让电视屏幕都裂开。不过，同时又有全部的仇恨像一大团黑蚊子包围住他。他是两个完全不同的故事。

克利夫有点苦恼地走到临时首相鲁纳那边去，鲁纳那时是好不了了。不过我们也不能弄醒他。他真的是受醉的罪了。所以啊，现在他反正更舒服地躺平了。

我吃惊地看着。临时首相现在四肢伸开躺平了，样子很舒服。可他身体下面有一米高的空气。我这可是亲身经历了圣约翰的奇迹了。就好像有一根针扎过了我的胸膛——这会让他倒霉的。

克利夫就不好意思地笑了。他担心我得到了什么错误

97

的看法。这可是一个实实在在的人，拿捏得很准很狠，可又有一颗心能装下很多人的苦恼。此外他还能听见——因为我帮鲁纳拿回了权力，所以我应该得到感谢。第二天他就要自己再把权力拿回去。

"可你……怎么能……在别人都……还能记住这件事呢？"

突然克利夫就变得很冷酷的样子。失忆症明显是一个让人不舒服的话题。反正**他**是经受不起失忆的。他每天睡眠都不超过三小时。他从来也不会放松自己的责任。可我能不能坐下来，这样我们可以谈一谈？

他真的看到我了吗？其他那些官员马上都要横穿过我走过去了。

没错，我让他想起了很久以前见过的一个姑娘。一个很年轻就去世了的姑娘。也是一个不能让她的生活存在的姑娘。他曾经非常非常喜欢那个姑娘。

那么生活也没让我活下来，是吗？

他看着我，脑子里想着什么。不是穿过我看。

像他这么遭人仇恨的人，连他自己都不能从骨子里明白"**外边的**"是什么意思吗？也许他明白。那么他是不是也遭这份罪呢？自然是的。可他也被这份罪充了电。这也是他的一部分……

98

听起来他好像想说的是：传奇。

有些东西会让你不宽恕人。

他就叫人端来了咖啡，询问我，让我说说我的问题。我当然讲了大黄蜂和小不点的所有事情。在我难过得说不下去的时候，他就抓住我的手，点头让我继续说。

"这真是太不像话了。"等我说完了，他就这么说。可我也得明白，就是在这个权力中心，他们其实也常常是束手无策的。他当然**愿意**帮助我，但是他不能插手。

我直瞪瞪看着他的眼睛。不让你插手？他有点不好意思地笑了笑。他不愿意对我隐瞒，不想装样子。其实你也**没法**隐瞒，没法装。你不能下到那个面孔的漩涡里，还有所有那些折磨的漩涡，那些希望的漩涡。你从这个地方，又看不到哪怕一只正在沉下去的手。这也是权力给你的诅咒——你看东西的地方太高了。

"要是我们摔出去了，摔到了老百姓中间……"

他都不用把话说完。在权力瞎了眼走错了一两步，走到老百姓中间，那时候我也能听见那些小小的叫喊声，还有骨头碎开来的声音。

不过你也可以问，难道真的是他和他的助手掌握了权力吗？权力不是躲在一个完全不同的地方吗？那个地方甚至都没有一个人呢。

你都不能往那个方向去多想。那只会意味着，你自己选择了一条完全错了的路。那样的话，你做的所有的事情都只是在空气里乱摸而已。归根结底，我们得实际一点。

实际上他当然都知道，可看不见他知道的事情。有一条裂缝横穿过了他的头脑。一个政治家，只看到他敢看的东西，看不到别的。

我相信，投了他票的人也能知道不少，不过他们也只能看到让他们看的东西，也看不到别的。

只有故事是敢看到所有的东西。

克利夫注意到我有些紧张，就换掉了话题。他问我刚才说的"欢乐"是什么意思。在像我这样的生活里，还有什么"欢乐"的地方吗？他觉得我是在用一种特别的意思上使用这个词。

我就告诉他了。他就非常吃惊了。

他问我，我的意思是不是说，等我开始讲故事，等词就像水一样从乌有的地方流出来，那时就有"欢乐"了？我的意思是不是说，我要为别人去看，说那些人家本来以为自己不知道的那些事情？而且要达到一种全面的视野，是人家过去觉得从来不可能有的视野。同时呢，引诱人家看到的东西里那种尖锐，那种清晰，会让人家感到一点可怕，感到一点吃惊。

我说，没错，是有点那个意思吧。不过我对于什么尖锐和清晰，我还有我自己的想法。

他说他很难过，因为我们之前没这么谈过话。

要是谈话有用倒也好了。我看出来了，他的权力还不如我的大呢。因为我讲故事的时候，我完全可以控制一个王国，我可以决定一切，依然还可以下到最底层，到每个人中间去，还能够碰到，没错，我还能去碰到他们说的每一个词。

克利夫就很宽容地笑了笑。他嫉妒我呢。

这可能太过分了，我就猛一下站了起来。

"请你别走。你得原谅我。"这些词从他那里蹦出来是太容易了。他问我是不是愿意再坐下来。他真的还请我再坐下呢。我必须再跟他讲讲"那另外一个瑞典"。我刚才就往那个方面说了点，让他有些害怕。

我就又坐下了。不管怎么说，这也是很重要的。我就给他讲了那个瑞典外面的**"瑞典"**，讲了那个不存在的国家的好大一堆事情。

他问我，我的意思是不是说，我们正在看到一个新的下层阶级出现？

那不算什么下层阶级。这样的阶级是可以靠奋斗爬上来的。这就根本不算什么阶级。那些是在外面的人，而且永远会是外面的人。我们不会饿死。我们头上也会有人给我们一片房顶，我们生病也会有人来安慰。有一种心不在焉的良心，会考虑到这些事情。但是不许我们加入到里面来。我们简直就不存在。我问他是不是知道，我们其实几乎都没有体重。只要有一点点风，就可以把我们刮走了。

克利夫感到震撼，不过抗议我的说法。他说他不是看到我了嘛。

对啊，只要我在讲他就能看见啊。

可我们不还是一个大的，一个重要的……

我在他的眼睛里看到了闪光。

不，我们不是。他就别指望我们了。我们中间很多人根本就不去投票。我们没想到我们的选票还有什么价值。最糟糕的是我们同意，没错，我们同意我们自己也把自己往外面推。而在外面的，我们这样的人变得越来越多，越来越多。难道他看见了吗？

克利夫就变得非常激动，嘴唇都发抖了。他必须咳好几下，清清嗓子，才能恢复说话的声音。他说他实际上也熟悉这种情况了。他说他弟弟要做脑部手术的时候，他曾经到医院去看过他，他就用他弟弟的眼光去观察整个斯德哥尔摩：这是个从城市往外滑出了一巴掌宽距离的城市。他还很害怕，这样的事情总有一天是会成为真的，而没有人会注意到这个。我真是直接从他的噩梦里出来说话。

他认为我一定看到了将来威胁他的事情。

可威胁其实不是"将来的"。那是现在！另一个瑞典那个时候就有了，而且变得越来越大。他有点不相信地点点头，也有点恼火——他从来不喜欢有人顶嘴。他听到的是别的事情。是冰裂开的声音。他更害怕的是整个福利社会制度会……

但是，难道他那个时候还不明白吗？在另一个瑞典稍微颤抖了一下，一点点，又从他们的瑞典往外滑出去几厘米的时候，发出的就是这种声音啊。而且还能给更多的人腾出了地方。那个瑞典有一天会变得人口很密集，一个人堆人的地方，可又轻得像烟草烧出的青烟。

他说他要调查这个……如果真是这样的话……

那肯定是在八十年代中间那几年吧。一个政治家，还有一种教皇封圣的圣人才有的危险的天赋，还是不能看到我们外面的人早就看到的事情。

要是事情就跟我说的一样，那么有很多东西就要拆毁掉了。那他要从根上去找这里的原因了。

　　半年以后，他自己就倒在大街上了，身体被人横七八竖地戳了几百刀。

_____

译注：

　　克利夫（Kleve）是本长篇系列第五部《仇恨》中的主人公，以1986年被谋刺的瑞典首相帕尔梅为原型。

就是刚才，这个故事已经进入正题的时候，克利夫提到那个可以说是尖利的东西，你愣了一下。这种尖利的东西是会让人自己也吓坏了的的。你已经注意到了，在我的故事里也有一把锋利的刀。可能那也是因为我有点喜欢那种尖刀，特别是在那种刀割下去不深不浅正好的时候。

　　可你也可能猜得到，在什么地方多割了一刀吧。这确实让你很担心。我可以告诉你，我自己也很害怕的。尖刀是一件非常危险的东西，用起来必须非常小心。绝对不可以失去控制。

　　现在你非要知道这是为什么了，而且是怎么发生的，又是在什么地方发生的。你很恼火，因为我已经这么长时间滑过了你的问题。那你就没有注意到吗，实际上我已经回答了你很多问题了，只不过没有直接回答而已吧。可现在你想要知道更多故事的背景。不过，你我心里其实都很清楚，如今这样的故事背景已经很缺少了。你还是这么千方百计地要知道，就有点奇怪了。肥皂剧味道的。

没错，明摆着是会有一把尖刀的。一个好故事是不会那么平安无事的。问题是，有没有一刀是在我的什么故事外面的。是自己割出来的一刀，没有欢乐，没有道理可说的。是越过我的一刀。我现在还不知道。不过，我猜想到的情况也让我非常害怕。你也知道，有那种事情，会越过我来抓住我。

我想，你一定读过有关剃须刀犯的报道吧，那个人自称是"揭秘人"。没读过啊？你肯定读过的，不过你全都忘记了。

我相信，我有一次看到他作案的。可能是在一个挤满人的公共汽车上，很多人的衣服都被雨淋湿了。到了一个车站，有人要挤下车去。你可以看到他的手滑过一个挡住他路的胖男人的背。就在他下车的时候，那个胖子就大哭大叫起来了。所有人看得都呆住了，一个灰不溜秋的往下垂着的大肚皮，还有一张嘴在吸溜吸溜叫——这个男人成了光屁股了。衣服都掉在了脚下成了一堆。在他背上，你可以看到肉疙瘩和黑痣之间有一些划痕，那是很细的划痕，几乎都看不见流血。"抓住他！抓住他！"他狂吼着。

可没有人动弹。他们都只是瞪着眼看这个突然间衣服脱得光光的男人。我们经历的事情就是几秒钟，不过到了报纸上就成了一两小时了："剃须刀犯"又作案了！

我想，这个人一定是把锋利的刮胡子刀片装在了戒指上朝手心握着，作案的时候，他只要把手掌在一件西服或者一件皮大衣上划几下，就能让衣服变成碎片落下来。很有可能，他能按照衣服的厚度来装刀片。

我也就是想这样讲我的故事。很快地划几刀，瑞典的死活、都不想让人看到的一面突然就都暴露出来，遮羞的衣服突然就堆到了地板上。手也不够长，遮挡不住啤酒撑大的肚子和肉疙瘩，还有所有那些布满皱纹的自满自大。

我完全理解，那种完美的划痕里真有欢乐。不过你得知道，你要暴露出来的是什么东西。光是你自己在发怒，要去划破人家的衣服，那是不够的。这是必须划得有道理的。我觉得我有一种责任，可能多半是为了所有那些在外面的人，为那些不会被人看见也不会被人听见的人。我要用刀子去划，这样就能让人看到他们，看到那些本来不会让人看到的扭曲了的人。

可这就成了一种要命的生活。我知道这会关系到什么事情。正统教育吧。在瑞典，这不是什么你必须上课学到的东西。这东西你在娘肚子里就有了，在你的牙齿里就有了，在你的眼睛上厚厚的视网膜里就有了。正确的学问当然时不时也会改名字，这个是你很清楚的，不过信仰还是留下了，照样咄咄逼人，照样还是很不留情的。

所以，对讲故事比较尖利的人，人家马上就会往最坏的方面去想。你想要让人看到那种人不想看到的东西，那你的额头上就要打上烙印了。他们拒绝相信，批评可能是从里面来的，从一个和他们几乎一条心的人那里来的。他们甚至不知道怎么**拼写**"自我检查"这个词。谁要是不能百分之百同意他们，就是反对他们。

可我只能同意百分之五十。

实际上牵扯到的，是艾斯基尔和老马丁之间吵了一架的事情。我刚才还讲到过我那个成了老古董的爷爷。我时不时到他家里去看看他。他家也就是我手腕上的另一个地址。他现在已经有点脑子钙化了，老糊涂了，所以还以为我是民政部派来的。不过，没人能像他那样告诉我那么多事。他是唯一的还敢知道点事的人，知道事情怎么样了。

我想我也去过他哥哥艾斯基尔的家。实际上是他大哥，不过不到四十岁就死了，人死了不就不变老了吗。他是在什么内战里被枪打死的，不知道出了什么差错，老马丁觉得自己背叛了他的哥哥。不管怎么说，艾斯基尔和马丁，他们俩总是吵架，不过听起来又很奇怪，因

108

为他们其实要做的是同样的事情：建立一个有良心的社会。不过那个老派的社会民主党员马丁相信，只要把做决定的人集中到中心，就可以建立这样的社会，而艾斯基尔其实是个无政府主义者，他宣传的是另一套，是要把权力分散——让每个人都能分到一点点。不过，让他们吵架吵个不停的其实是另外的事，艾斯基尔嘲笑马丁心里他妈的明白得很，可会把自己的信仰一点一点地给卖了，还痴心妄想着，只要把自己曾经信过的东西一个一个放弃掉了，这美好的梦就会实现了。最后呢，到了吵架结束的时候，爷爷就只能拍拍他的文件夹，那就是他的历史：不管你说得多有理，他还是知道得最多。那时候，艾斯基尔的幽灵就出来嘶嘶呀呀地说话了："你的历史知道不知道我们所有生活在外面的人？在你的历史旁边不会还有一部历史吗？你敢去看看？"

这一回连爷爷也听到了。他就热泪盈眶了，不就是他妈的要大家都过好日子吗。

不，两个人的看法我都不同意。要是人人都有一个盖了章的小纸片，说这是分给你的百万分之一的瑞典，那肯定很快有那种油头粉面的人就过来收购我们的纸片，或者就威胁你，要你一定卖给他。嘿，这下子不还是魔鬼本人在做主吗？不过，要是就有一个唯一的自以为是的权力中心，这种权力中心自己都不敢动一动，不管怎么说也生不起大病，只能对付自己的小毛病，那也同样糟糕。要是你发点什么牢骚，这权力就恶意地盯着你看，可你往里面瞧一瞧的话那里又是空的；里面没有一个人。

我愿意艾斯基尔和马丁继续争吵下去。坐在他们两人中间，我还是有这个胆量的。

顺便说吧，我认为他们两人说到那个还没写的历史都不对。马丁不敢打开自己那个文件夹好好看看——要是那个历史在里面，突然在那些他很熟悉的纸页中间就自己把自己写出来了，那怎么办？艾斯基尔就断定，他兄弟把那些读了不舒服的东西都没放在里面——不会有哪怕一页纸是用在记下现在看来不应该发生的事情。不过，要是他们打开这个文件夹查一查，两个人都会吓一跳，因为他们看到在那些涂满了字的纸页中间还有很多空空的纸页。那是不敢写出来的纸页。

看起来你就没有真在听。你被另一念头缠住了。你认为可能有一刀是割错了。要是一个人失去了理智，那也就没什么准头了。你可真是固执；在这个故事里面，总有个地方必须有那么一刀，那一刀是不可原谅的。要紧的是你在哪里能找到它。

你真能咬紧牙关，就是不说那些该死的麻烦事。现在我看出来了，你想把我的故事往什么地方拉。我可以听到你的想法：我怎么敢肯定，是有什么人偷走了我的孩子？我开始的时候想说的是民政局，或者是说我那假王子，我后来也提到了他。要不是他的那个很不错的兄弟的话还有谁？那个故事里有一辆黑汽车，孩子们是被拖到这辆车里去的——你会问了，如今没人记得住什么事情的年代，我怎么还能记得牢这种事情？最自然的事情，肯定是我自己和其他人一样，把孩子丢失在失忆症里了，然后一会儿怪这个人，一会儿怪那个人。还编出什么故事来，配合那些我自认为我无论如何都知道的事情。

我能听见你的想法，这个你注意到了吧。现在你可不能放开那些影子了，那些影子时不时还落在我讲的故事上面。你得把很久以前发生在我头上的麻烦事和几小时前我弄出来的麻烦事联系起来，联系成之前你可不能放弃。你要找出点情有可原的情况，对不对啊？

我怕我在这方面不能帮你的忙。有关影子的事情我知道不少。或者更确切地说，有关那些有影子的人的事情。我知道，他们还互相换来换去。他们住在那个真正的瑞典里面，不过时不时会跑过边界到这边来，要在这个没有防卫能力的贫穷的地方也滚一滚。事实上他们从来不是什么性游客，到这里来找性乐趣的，不过他们喜欢到这里来脱裤子，衣服，脸皮，地位，所有能让他们看得见的他们都不要了，那他们就可以玩游戏，把他们当作我们了。就像他们里的一个人说的：他是什么故事里的人，时不时的要把手放到地上，才可以得到新的力量。在那会儿，他把手放到我的身上那会儿，我就是他妈的他的地了。他根本想不到，那块地太脆弱了，他一碰就会碎掉了。

不过，就好像这些影子可以互相占有我，就好像互相接受遗产。你还记得那个我十五岁的时候就扑到我身上来的人吧。下一个人呢，简直就好像接受了前一个的坏良心。然后是再下一个，再再下一个。他们都想对我报复，是为他们弄到我身上的那个魔鬼报仇。

现在你以为，眼下来毒害我的生活的人，和那个时候毒害我的人是同一个人。你还以为，现在还忙着国际电脑预测、混在最核心的圈子里的那个人，就是今天的弗雷德利克，和那个只有一个姑娘的派对上的弗雷德其实就是同一个人了吧。要是这样的话，过了这么多年，他要从班级里最受欺负的女生身上得到什么呢？也是从一个后来一辈子都被欺负的人身上。尝尝侮辱人的味道怎么样吗？是要从一个从来没机会忘记事情的人身上得到帮助，可以记忆点事情吗？还是要把他自己也受欺负的那段日子的生活也重新唤醒？他要时不时地找我，这样他的复仇就可以保持生命力吗？操，你这么想真是有病。

　　说起来，你也没法这样把故事给攒起来。你可能在这里找到一点碎片，在那里发现另一个碎片，可你从来不能说，它们是不是联系在一起的，或者它们曾经都属于什么地方。那都是电视上的连续剧，引诱你无论如何也要去尝试尝试。你坐在那里拼凑的这些碎片，本身可能都不错。可你尝试把它们拼凑起来的时候，你不过模仿肥皂剧里的那些鬼把戏。

　　你自己没注意到，你的那种分析太像肥皂剧了吗？

　　没错，我知道。你必须想办法为我辩护啊。你需要一个可以卖的故事。你把希望放在我说的那种欢乐上。这个故事能不能突然看得远呢？当然能啊，可它没法把你要的那种的"相关性"啦、"前后文"啦压出来。

　　好吧，让我来试试吧。我们就设想吧，有个晚上我回家的时候，那个影子，或者占有影子的人，就在那里了。他睡在我的床上，把床单拉到眼睛上。他的眼神看起来既是很羞愧的，同时又是很满不在乎的。你干了他妈的什么好事？我对他叫喊。能看得出来出了什么事情。我就掴他的耳光，一个又一个耳光，让他讲出来。等我知道出了什么事情，我自己也坐在地板上起不来了。

　　大黄蜂最后还是找到了我住的地方。她肯定是什么地方都去找过了。她按我的门铃来找我的时候，这个杂种也正好在我家里。是他去开门的，他就装作不明白的样子吧：没这人，没有看上去这样的人住在这里。对不起。大黄蜂就又慢慢吞吞走回到失忆症里去了。

可这是为什么呢，见鬼了吧，为什么这么做？是啊，这样不就是最实际的做法嘛。实际上，他以为我是不在乎的。别急，你沉住气吧！他自己也丢失了他的孩子，不知道丢在外面的什么地方。我是信了他的；只要过了一段时间你就不会想他们了，也没有什么东西可以用来想他们。没错，他妈的，**那时候看**这做得太臭了，不过我得承认那也是最实际的。而且我发脾气的时候，也是特别诱人的。他就愿意我那样。

是他已经让我那样了。

等他后来睡着了，他抓住我手腕的手也松开了，我就爬起来，在厨房的抽屉里摸到了我需要的东西，不是吗？然后我就刺了他一刀，那是任何男人都不肯原谅的一刀，不是吗？在那种情况下，他也没法打死我或者追我，因为他不得不捂着伤口止住血。可其他人来了，他们还没怎么睡醒，不会原谅人的，当然能找到我，把我关到这里来。

现在强奸我的人，和我十五岁的时候没强奸成我的那个人，不就是一个人吗？我刚才做的可怕的事情，不管怎么说还是可以辩护的吧？

我不知道。要是你去问他，他肯定也已经不记得这件事了。这点起码还是很清楚的：要是他用这种样子把大黄蜂给骗走了，那露也会眼都不眨地马上离开他。她也有这个气派。

不对，实际上我不知道。当然，**有可能**会发生这样的事情。在我看来，这事听起来很费劲的。可你更想听我说这个伤害我的人不过是上流社会里的混蛋而已。你更想听那个，而不是听什么民政部的什么工作过度的女人的事，或者你们把自己投进去放不开了的什么黑人。眼下的这个说法，至少还有一种开胃的一面对着你吧。

对着我？**我**可没有被说服。不过，你可能觉得，不管怎么，我还是用这个故事辩护比较好。我的意思是说，如果这样能让他们判刑轻一点也好。

不过，我是代人受过，替别人坐在这里呢？

是啊，你摇头否认了。我明白你的意思。要是我没有更多更具体的东西提供给你，那你他妈的还怎么能为我做辩护呢？

说来说去，重要的还是为我做辩护。最终我们又坐在这种地方，坐在这种划了一道一道的铁门后面，不管我说什么那门都不理会你。我们马上要去法庭了，对吧？实际上我怕得要死。我讲故事的时候，什么坎我都还能**过得去**，不过我不知道我能不能过这一关。

　　你马上就以为我怕得要死的是检察官和法官了。或者至少是那个陪审官，他要把事情做得跟过去一样，最好还是给你带枷锁或者铐子，不然的话，至少是什么东西能让你的皮肉吃点苦头。这你就错了。那些人全都和普通人一样，不过是今天不巧都落到这里来了。当然可能有什么热衷做法官的人在那个长桌子上过夜了，那本法典就成了他的枕头，法官服就盖到了鼻子上做被子了。也许还有什么陪审官，把这个初级法院的地址写到一张纸条上，然后整天整夜都握在手里不放怕丢了，就好像这纸条能知道到他妈妈家的路。不过，很可能他们全都是新手，那个法官本来就是个外头人，溜进法庭来想听一会儿的，找到一个空椅子就坐下了。当然没有从我们这边过去的人；像我们这种都不能看得很清楚的人，只能坐坐被告坐的那些凳子吧。就算都是新手也照样办得了事。等他们坐定了，就是那套语法来说了算了。那他们就有了需要有的眼睛，就明白出了什么事情，而且就会受到出乎意料的规则的攻击了。审判过程本来就他妈的知道该怎么做。

这种地方，你一看就知道什么事情都是对不上号的。那套语法已经给了每个人嘴里塞了他的词，给了你他在地狱里的那个窝让你呆着别动，大家都一样。然后这些人就到处搬来搬去找地方，把什么事情全都忘了，最后在陌生的椅子上坐下来，还被椅子重新改了样子，变成了坐这把椅子就应该做的人。这都不对头。那就变成两个完全不同的故事了。

跟平常一样，跟你把眼睛盯着什么看的时候一样。就是那个样。

可也就是这个地方，这个国家的精神分裂症看得最清楚了。每个尖利的钉子都让你感到发愁，可铁棍子插穿了什么人的身体你又根本不注意。你没想过吗，法庭里的每个人为什么都那么着急，虽然他们着急的都是他妈的屁大的小事情？不就是在商店里偷了点吃的用的，不就是有人醉酒闹事，或者邻里的争吵而已吗？他们都被做错事的机会给弄瘫痪了。总是两眼偷偷地不停在墙壁上找那些看不见的字。

同时呢，那些当官的衙门里的大部分人，却一点都不着急。他们可以眼都不眨就做出一个跟你的生活有关的事情的决定。冒冒险弄出一种扣得狠的税，敲断几个可怜的混蛋的脊梁骨，或者把什么精神病发作的人送到大街上，要不就是从人家里把孩子偷偷弄走。这样的事情，那些每天翻文件的人做得快得很，绕着小道就给办了。

可这里也一样，这里人人都急得要死，要从什么微不足道的条文里找茬，可也是在这里，他们好像对真正严重的问题并不加以考虑，不过对那种事情他们里面也没有一个人能做什么。

我说的就是判决的事。

不过我们还是按顺序一件件来吧。首先他们得商量好我是谁啊。所有关于我的材料早就不知道弄到哪里去了，碰巧放在那张桌子上的也许是一个男人的材料，比我年纪要大三十岁，而且连一个瑞典文的词都不会说。看在上帝的份上，他还是个法庭的口译呢。不管怎么样，他们总算能把那些自相矛盾的材料给整理好了，把我当作了他们可以问话的人了。就把我当作一个实际上在这里也是能看得见的人了。然后，他们要做的事情就是把我的故事给卷起来。就是在那里，出了怪事了。

你大概会想，他们要确定，那么多故事里到底是哪一个算数。我的意思是说，那些故事的不同说法互相吵起来的时候，不还是得他们能做决定的人来决定其中的一个说法吗？不过他们慢条斯理地评来评去，好像所有的说法全都不错。看起来他们好像都看不出这些其实是非常不同的故事。

不管怎么说，最要紧的还是最后的判决。我也开始有点明白了，那个判决根本不在乎我的故事，把我的故事当狗屎，不管那故事以后是黑的是白的还是足够灰的。那个判决在我能说的所有事情之前就已经有了。那个判决认为我只是事后想千方百计把事情给说圆了。是你需要一个好的解释。是我也许无论如何愿意知道怎么回事。可那个判决不需要这些。

你的工作嘛，不就是要把对我的控诉捏在你手指里弄碎吗。你都说明我是无辜的。或者说，不管怎么样，我是没办法，有很大压力的，所以他们得理解我，原谅我。这工作你肯定能做得了的。当然，你的声音有点发抖。检察官多半是个很着急的姑娘，她会试试从我这个角度去听，就是我生活的这个地方去听，然后跟你叫劲，也要找到理由帮我开脱。那些证人呢，全都会因为太紧张把话都说了个颠三倒四：他们敢赌咒发誓证明那全是我干的，又说他们什么狗屁都记不得了，除此之外还说他们都有不在场的证明。最后是法官来了，一个小老头，饱经风霜头发灰白还让自己多出了几斤肉，他把罪责都揽到自己头上，还轻松地叹了口气。这声叹气的意思是说，这回可真是就差一点啊，还有点害怕，怕也许不管怎么说也弄错了。

不过，不管怎么说，他们得让我就是我自己，我是谁就是谁，我在哪里就是哪里。

那个就是给我的判决。

他妈的该死的事情是，这样的话这个判决对我是太尊重了。大家全都尊重我，那个把我带到这里来的警卫就已经很客客气气的。这就和医院里的护士尊重艾琳的垃圾是一样的，时不时还要加一点她那么不耐烦地等着的蔑视。这也像克利夫的很多仇敌也都尊重他的传说，然后就送上他为了自己不可能完成的事业需要的仇恨。这也像是这个社会尊重所有跟我一样住在另一个国家的人。

其实就在你刚进来的时候，我在你眼睛里也看到了这种尊重的目光，是毫不留情的目光，冷酷严峻的目光。那是你自己也没意识到的。那是判决。

可最他妈糟糕的事情是在我还同意了的时候。是不是帮他们的忙，让我在另外那个国家留下来？其实也就不过是在几厘米之外而已，不过已经是很安全的距离了。这个判决不光是到了我的骨髓里了，它还想进到我嘴里的每个牙缝里。最后我都没力气去抵抗了。

你明白这是什么意思了吗——我还同意了？实际上我并不想靠讲故事就脱身了。我想你并不明白这个。

我要给你讲讲，我怎么把一个可怜的业余抢劫犯从这个拘留所里哄骗出去，那你也许就明白了。那是露的一个孩子，是我帮她从失忆症里救回来的那些孩子里的一个，不过这个是很久以后的事情了。他在医学院里念书，以后是要当医生的，都快要毕业的时候，脑子里突然有了什么短路了。他有过一个很可爱很聪明的小太太，还有一对很淘气的孩子，还有一个光明的未来就在街角上等着他了。露肯定教过她自己的孩子一些手段，怎么去对付每天的失忆症状。可突然他什么都记不住了。要是他去参加一门考试，或者去给一个病人把脉，他都读不了一行字，还只会呕吐。所以每天早上，他不去医学院了，而是躲到那个居民楼的地下室去，整天就坐在那里看自己孩子读连环画，饿了就嚼点干面包，渴了就喝点洗衣房水龙头里的自来水。到了晚上他才回家，然后给家里人讲那天他去医学院如何如何，说得活灵活现的。

只要大学生贷款还够用，他这么干还能对付过去。可有一天钱全用光了，钱包里除了绝望就什么都不剩了。有一天他就拿了一把儿子的玩具枪到商业银行去了，到了现金柜台就结结巴巴地要人把现钱递给他。不过事情全弄糟了。就在他后来要把合作社收款机里一叠叠现钞拿出来的时候，他头上戴的那个只露出眼睛的滑雪帽斜掉了，他不得不摘掉帽子才能看得见。现金柜台那个女收银员就叫起来了："哦，是你啊，培尔！"他就扔下装钱的袋子急忙逃跑了，不过骑着他那辆破自行车当然也逃不远，很快就被响着警笛和蓝灯的警车给追上了。他就哭了，就怕小太太和孩子们还有露会知道这件事情。没错啊，后来大家都对他特别恼火，跟他们和一个真正无辜的人在一起一样。

我几乎立刻就知道了这件事情，然后我就到拘留他的派出所去了，差不多就像你现在进来看我一样吧。我就一边听他抽抽噎噎哭鼻子，一边给我讲他的故事。当然我就要弄个故事说说，把他放出来。不过这件事情比上次那个海鸥的事情要麻烦得多了。我不得不等了好几个钟头，等警察和检察官来得及把这件事情全都忘记了再说。不过，在这个时候我也要防止他忘掉了他自己的生活。我不得不

122

让他开动记忆，就像你让那种不可以睡着的人不打瞌睡的时候要做的事情一样，不过现在我就让他把自己的生活说了一遍又一遍。

到了半夜，到了派出所换班以后，我就靠嘴皮子说事把他给弄出来了。先是用头发夹子，再加上一点好话，把那扇铁门给说服了，然后又走过了那个警卫，他已经被那个拼字游戏给催眠了——我就把他带回了地下室。他真不明白，为什么那里会有那么一大堆的小人书和连环画，还有一大包瓦萨牌干面包，一本还没打开的精神病学教科书。他刚从自己的故事里出来，现在是用另外的眼睛看所有这些东西。用这种办法，他手里就抓住了新的东西。

他一边这么考虑着，一边就上楼去了，按了门铃。因为他的钥匙当然在派出所就被人拿走了。他太太和孩子来开门，揉着眼睛还没睡醒的样子，都已经不认识他了，而且把这个让人伤心的故事全忘了。他们也许觉得，最好还是让他当爸爸。爸爸很奇怪地这么晚回家来，还赌咒发誓说这回他妈的要好好读书了。要是他没有忘记这些个事，那他现在肯定已经毕业了，白天就安慰病人，晚上就帮他的小太太哄孩子睡觉。

我不能同意他就这样毁掉自己的生活，就因为他的脑子里出了的唯一的一次毛病。那就不是语法了。

不过我同意，我自己可以坐在这里。**那**就是语法。而且我不想帮你的忙。你现在明白了吗？我尊重我自己。对自己很满意，就跟艾琳一样。没错，我提到过抵抗。那个时候是。

也就是说，法庭不会把我扔出去。已经做了的事情就没人能再做了。如今这样的事情很多，不是吗？我们害怕这件事，可我们又保证那件事——所以，将来的事情已经都发生过了。

不对，把我扔出去的事情还是在前面等我，这件事情是那个故事要做的。那个故事也快结束了——我在你身上就看出来了。等故事结束了，它就会把我给吐出来。只要我还继续讲，那些词就会为我发光，我就可以在上面烤我的手指取暖。我讲啊讲，那世界就能看得见了，能感觉得到了。我当然比我告诉你的要小多了，这个是我一直注意到的。不过，这样我也在历史里面占了个地方，不管怎么样也到头了。那时候历史突然就不再想知道我的事了。

你不用可怜我。我可不是艾琳那样的烈士。说实话，我时不时还能打败生活呢。我现在不也办到了吗，能把我的破碎的生活大部分告诉了你。那也就是说，我已经熬过来了。我给你讲地狱的时候，我也把地狱踩我脚下了。也许我甚至能把那个判决也踩到脚下去呢。对啊，我还真的相信这个呢。所以我知道，欢乐是有的，而且是在我周围一片黑暗的时候。

不过，要是我掉在了故事外头，那就什么都不算了，那就是最难的了。就好像我又回到了开头，又回到了那些一点火就可能发生过的事。现在是什么都抵抗不了了。他们趁机来抓走老爹，那时我也无能为力了。我突然就跟那个海鸥一样了，那海鸥肯定是从来没被放走，是被压扁在甲板上了，一个眼珠子都掉出来了。那些小流氓就继续用脚跺它，直到它一动都不动了。在那个派对上把我包围起来的男生其实是一类的小流氓；也许我真的像一个绿头大苍蝇一样飞起来了，不过我没能飞出去，一头撞在了窗玻璃上，又掉回到这帮小流氓里头，他们已经烧得不行了，只想着在我身上弄一把。现在什么都不算数了。所以我同意的是眼下。大黄蜂和小不点还在山上呢。

不对，他们不太可能在那里了。他们肯定也跑出来找过我，对不对？而且找到了我，虽然有点太晚了吧。大黄蜂当然不那么笨，会相信那些影子的谎话。要是事情就是眼下这个样子。她肯定看到了我的外套还挂在门边上呢，还能认出来衣服上的铜纽扣。也许她和其他人一样把什么都忘记了，可最下面的铜纽扣是她给我缝上去的，有点歪了，还有根线头露在外面，就因为是她缝的才会这个样子——这个纽扣会让她认出来，因为这个不止是一个记忆。要是这种情况，那么她以后肯定会回来。也许警察来带走我的时候她正好回来了，才会是现在这个样子。或者是他们把我按在地上，用手铐把我的手从背后铐起来的时候。不管怎么说，有好半天她就看着我，然后说她只是想来对我说，你他妈算什么老妈啊。

然后就只剩下她的背对着我了。然后那天就肯定成了我的黑日子里最黑的了。要是你想给真正绝望的事情找到一个地方，肯定就是那里了。不过那个时候也就是跟你算账的时候了。

事情差不多就是这个样子。没错，就是这个样子了。不过再怎么说着也就是一种说法。要想看到别的说法，我就得再开始说。在我开始说之前是不行的，那我是没法更好地抓牢现实的。

可所有这些事情全都正在变成垃圾，我就正好在这个垃圾堆的正中间。当然不完全和艾琳的情况一样，因为在我这个地方，那些渣滓还可能变成什么东西，也许会成为什么东西。只不过眼下我还没办法对付这个事。在故事离开了我的时候是不行的。

你当然也不是什么辩护律师，我从一开始就该明白这个了。你不过是一个普通的好打听事的人，抓了个机会正好到我里面来读点什么东西。我自己又那么**愿意**相信你就是辩护律师，因为我需要什么人能来看看我，还能为我说说话。

行啊，这下把你惹恼了吧。你往门那边走，还以为我没看见吧。然后你横穿过那块铁门板就到了外头去了——你一两个钟头之前不就是那么进来的吗？你以为出去了就到了自由世界了，你在做梦吧你。

可你别以为我会嫉妒你。我当然明白，什么欢乐也是一个陷阱。可一个像我这样的人，还是忍不住要爬进去。可这是所有陷阱里最好的陷阱。如果你非要叫它什么，就叫它地狱里的一个角好了。反正我不会用我的那个角换你的那个角。

再说了，我想我们会再见的。我们还有一些事情没搞清楚呢，你和我的事情。这里面所有的人我都保证给他们一个公正，弗雷斯啦克利夫啦，随便他们叫什么吧，他们一直在我心里面嘟嘟哝哝，你得听的就是这样的声音，要不然你不会明白的。我得让他们出来说话，你得把生命重新呼吸到他们的身体里。那些过去的事情，其实全都在我们的面前。

所以，我一定会再鼓起劲头来的。你没注意到吗，我是蛮坚强的。就算眼下感觉不怎么样，可我也能突然把这个世界再踩在脚底。你再呆一会儿也没事吧。最糟糕的是就要把我从故事里吐出来的那会儿。那会儿我就开始看到孤独了。那些坐在墙壁上的赤裸裸的规则，又臭又硬又没颜色。要是你走了，我可对付不了它们了。如果这个牢房不是他妈的这些规则的主语啦宾语来控制的，那我在这里一步都动不了。那我就连一个想法都不能想到头了。每次要开始有什么感觉的时候，那都会变干了，粘牢在上颚里头。只有你在听我讲，那我就有一点点自由，嘴巴里会有一点点话。只有你留下来，就算这世界上还有我。那我的孩子无论如何也就可能再找得到。

别走啊，留下吧。我求你了。别把我孤零零一个人留在这里。要是无论如何也得走，那……

等你走了以后留在我这里吧。

# 译者后记：一个叙述者的多种声音

就在翻译完《欢乐》写译后记的这天，2015 年元月 6 日，我在瑞典最大的报纸之一《晚报》上读到社论《好托儿所是不够的》。这篇社论说的是瑞典的社会平等和公正越来越差，阶级分化日益严重，虽然在全民享受管吃管睡的托儿所里，孩子们看起来都很平等都很幸福，但从小学开始，不同家庭背景的孩子就在各方面拉开了距离，贫困家庭的孩子已经感受到了阶级地位的压迫。这篇社论的小标题说"阶级差异影响到整个一生"。

《欢乐》正是讲述这样一个阶级差异影响到一个人的整个一生的故事。小说的女叙述者和《蔑视》里的女主角艾琳有些类似，也是一个被侮辱被损害的女人，十五岁在学校里就被家庭出身上流社会的男生凌辱，之后就脱离学校流落风尘，甚至有了孩子也没有自己抚养的权利。不过她没有落入艾琳那样最后睡到垃圾堆里终老的地步，也没有那么蔑视自己，而是抓起了刀子进行反抗，因此被关进了派出所拘留室。整部小说就是她对自己的辩护律师的独白式叙述。当然小说并没有清楚说明她实际上用刀伤害了谁：是"偷"走了她孩子的民政局女办事员，还是后来那个女儿找到她时又把她女儿骗走的男嫖客。因为作者采用的不是写实的手法，不告诉读者具体的结果，采用悬念最后解开的俗套，而留给了读者自己去解读的空间，也因为这样的被侮辱被损害者的命运本来就可能有很多不同的故事，可以给出不同的答案。但她们的故事其实在本质上没有大的区别，因为都是被"这个瑞典"抛弃到"那个瑞典"的"异乡人"，具体答案就并不重要了。

也许正因为这样，我发现在这部小说里，虽然和前几部一样，基本上还是一个叙述者的独白，却有了很多不同的声音。女叙述者把自己比作阿拉伯民间故事《一千零一夜》善于讲故事的山鲁佐德，不仅叙述还加表演，会模仿不同故事人物的口气说话。有的部分甚至不再是独白，而是对白了。例如第87页：

他现在过得怎么样啊？

不怎么样。他又失业了，这回问题严重了。

可他之前不已经是一个几乎拿了执照的建筑师吗，我的意思是说，就是那次战争之前？

没错啊，可在我们这里这对他有什么用呢？要他重新给那些房子画图吗？可他连在那些房子里做做清洁工都不可以呀？

类似的对白还很多。而在有的地方，我作为译者不得不使用了加引号而成为直接引语的方式。例如第101页：

"请你别走。你得原谅我。"这些词从他那里蹦出来是太容易了。

如果没有引号，那么前两句读者可能误解为叙述者本人的语气，就可能莫名其妙。

在这部小说中，作者使用两个瑞典的说法来象征或比喻瑞典的阶级差异，是对那种不愿意承认或看到瑞典的现实社会中还有阶级差异的人的讽刺，因为这些人想把瑞典描绘成消灭了阶级差异或者阶级差异很小的天堂，但作者认为，瑞典的贫困阶级其实不是被消灭了，而是被有意推到了另一个不能让人看到的瑞典。作者还用"语法"来象征瑞典社会对人的"异化"，因为不是人在说，而是人在被说，而怎么说是由"那套语法"控制和决定的。

"精神分裂症"是作者对瑞典的另一种尖锐抨击。他这样写道（第84页）：

那时候我就已经很明白，这个国家的精神分裂症是多厉害了。就是在这个地方，你得到一个世界应该怎么样的图像，然你就像蚂蚁一样辛苦干活，却是朝完全另一个方向。就是在这个地方，你想要人人平等，甚至都不可以再攀比了——然后你把不合同样尺寸的人就赶出去。就是在这个地方，你教育孩子想事情要有批评性，要对什么都提出疑问——要在那个和所有其他人想法不同的人身上搜查到松动的螺丝。就是在这个地方，社会非要坚持由它来完全照顾你，喂你吃饭，给你擦鼻涕，还给你洗尿布——过一会儿又把你扔到大街上去，因为你有一两次付房租晚了一点。也就只有在这个地方，有人会把亿万财富投在一个骗子身上。

这部小说，以及"失忆的年代"其他几部小说，对瑞典当代现实都有激烈的批评和讽刺，甚至对社会民主党的理想社会和福利模式进行了抨击，所以也就不奇怪，这个小说系列及其作者会受到了瑞典当权派特别是左翼的强烈反弹、抵制甚至封杀，比如瑞典左翼倾向的报纸《每日新闻》就拒绝刊登有关的书评并指责作者站在右翼的立场。

其实，作者不是从左翼还是右翼的政治立场出发来写作的。在我看来在政治上作者甚至还是有些偏左的，所以才更在意社会平等和公正，也是为贫困阶级发出声音。所以，对来自瑞典左翼的反弹，作者也只能表示深感无奈，让我联想到中国反右时期很多知识分子的命运，他们有着左派理想却被打成右派分子而受迫害。

我也认为，作者更坚持的其实是一个优秀作家超越政治的写作立场，而更强调作者敢于面对真实和表现真实的良知，不因为左翼掌权而避讳谈社会的问题和弊病，不敢对社会现实进行批判。莫言获得诺贝尔文学奖之后，作者在为中国《三联生活周刊》特别撰写的一篇短文中写道：

　　　我特别赞赏作家人格的重要性，就是所谓公民勇气。在我的小说《巴托克：独自对抗第三帝国》中，我描写了一位少有的勇敢的艺术家对纳粹帝国的抗争。而我正在写的小说《霍夫曼的辩护》中，我再现了这位浪漫主义时期的法官兼诗人如何独自一人面对在十九世纪上半叶横扫欧洲的保守压力。

　　　政治不是焦点。但文本具有一种间接的政治含义。

我赞赏作者说的这种敢于独立抗争的"公民勇气"，也在作者身上和他的作品中看到了这种勇气。因此我更认为作者秉承了易卜生这样的北欧作家的文学传统，他就和易卜生剧作《国民公敌》中的斯多克芒医生为了说真话而不惜得罪国民一样，不怕做最孤独的人。

　　早在翻译这个长篇系列的第一部《失忆》的时候，作品的风格就让我联想到卡夫卡寓言体小说和加缪式荒诞叙述作品，但又独创一格，其独白叙述的结构和人物设置，兼具剧诗和诗剧特色的语言（作者本来也同时是诗人），使得这部作品不仅在瑞典文学中独树一帜，就是在欧洲和全世界的文学中也罕见可比之作。

　　翻译完这个系列的最后一部《欢乐》，我的这种体会更加强烈更加深刻也更加明确：我在读在译的不是一部平常意义的小说，我在读在译的是一部当代的寓言。闭目回想，在我所读所知的瑞典或者欧美当代作品里，还没有一部具有这种风格这种结构。就社会批判的意义来说，我也没有看到哪个瑞典作家对世人当作天堂的今日瑞典有如此尖锐如此强烈的批判。而我自己在瑞典生活二十多年的经验却告诉我，作者是对的，作者的思想是犀利的，他看到了一般人和平庸的作家看不到的东西，看到了最具当下意义的问题。

我因此敢这样断言，"失忆的年代"系列小说不愧是承继欧洲社会批判性文学传统的大作，不仅承继二十世纪作家如卡夫卡、加缪或贝克特，还可追溯到十九世纪批判现实主义大家如巴尔扎克（可参考我为《蔑视》写的译者后记《从"高老头"到"高老妈"》），甚至追溯到更久远的世界文学经典作品。比如《欢乐》中故事套故事的连环包孕手法也是作者对阿拉伯民间文学名作《一千零一夜》的合理运用，而两个王子的故事又可追寻到《圣经》故事。作者不愧为兼有文学教授身份、文学批评家和文学史家身份、诗人和剧作家身份的小说家，文学修养深厚，文学知识渊博，文学语言丰富，文学风格独特。我终于能顺利完成这个包括了七部作品的长篇系列的翻译，当然感到轻松和欣慰。

　　在交出最后这部译稿的时刻，我愿意再次衷心感谢对这个长篇系列的翻译和出版提供大力支持和帮助的所有人士，包括作者本人、瑞典汉学家马悦然和夫人陈文芬、我的妻子陈安娜、上海世纪文睿公司总编辑邵敏和负责出版发行事务的林岚、本书的封面设计者等。我也感谢瑞典文化部艺术委员为译者提供的慷慨资助。

万　之

2015 年 1 月 6 日深夜于瑞典斯德哥尔摩

**图书在版编目(CIP)数据**

欢乐/(瑞典)埃斯普马克(Espmark, K.)著;
万之译.—上海:上海人民出版社,2015
(失忆的年代:7)
书名原文:Glädjen
ISBN 978 - 7 - 208 - 12802 - 6

Ⅰ.①欢⋯ Ⅱ.①埃⋯ ②万⋯ Ⅲ.①长篇小说-瑞典
-现代 Ⅳ.①I532.45

中国版本图书馆 CIP 数据核字(2015)第 029594 号

**Glädjen**
© KJELL ESPMARK 1997
ISBN 91 - 1 - 300698 - 3
1997 年瑞典北方出版社(Norstedts)第一版

**Thanks for the Support from Swedish Arts Council**

出 品 人　邵　　敏
责任编辑　邵　　敏
助理编辑　崔　　琛
封面装帧　王小阳工作室

世纪文睿出品

欢乐
[瑞典]谢尔·埃斯普马克 著
万　之 译

出　　版　世纪出版集团 上海人民出版社
　　　　　(200001　上海福建中路 193 号　www.shshjwr.com)
出　　品　世纪出版股份有限公司上海世纪文睿文化传播分公司
发　　行　世纪出版股份有限公司发行中心
印　　刷　常熟兴达印刷有限公司
开　　本　787×1092　1/32
印　　张　4.5
字　　数　65 000
版　　次　2015 年 4 月第 1 版
印　　次　2015 年 4 月第 1 次印刷
ISBN　978 - 7 - 208 - 12802 - 6/I·1345
定　　价　20.00 元